Der Zug fuhr anders als gedacht

Der Zug fuhr anders als gedacht

als gedacht

von Ines Maria

Bibliografische Information der Deutschen Nationalbibliothek: Die Deutsche Nationalbibliothek verzeichnet diese Publikation in der Deutschen Nationalbibliografie; detaillierte bibliografische Daten sind im Internet über https://portal.dnb.de/ abrufbar.

Grafik: Denis Belitsky/Shutterstock.com
Satz, Umschlaggestaltung, Herstellung und Verlag:
BoD – Books on Demand, Norderstedt

ISBN: 978-3-7568-7235-0

Vorwort

Mein Leben hat so viele Höhen und Tiefen, so viel Liebe und so viel Leid erfahren, es ist alles in meinem Herzen, und mein Herz schreit: Erzähle dein Leben, erzähle dein Leben!

Doch ich möchte nicht nur mein Leben erzählen. Ich möchte mein Leben und unser Leben erzählen – das Leben mit dir, meiner großen Liebe, Inge. Mein Leben wurde erst schön durch dich, ohne dich wollte ich kein Buch schreiben, ohne dich hätte ich nicht die schönsten Jahre meines Lebens erlebt, ohne dich würde es sich nicht lohnen zu schreiben, ohne dich hätte ich nicht die Liebe zu einer Frau erfahren dürfen, ohne dich wäre das Leben nicht lebenswert gewesen.

Wie oft sitze ich im Wohnzimmer im Sessel und lese deinen Abschiedsbrief, den ich erst nach deinem Tode aufmachen durfte. Den letzten Satz muss ich immer lesen: Du schreibst, denke an die drei Worte, die ich dir jeden Tag gesagt habe, drei Worte, die ich jeden Tag hörte. Manchmal sagte ich, ja, es ist schön diese Worte zu hören, ich wusste es damals schon, aber heute weiß ich es ganz genau, diese drei Worte haben mein Leben geändert.

Niemals hättest du gesagt, du lügst, niemals hättest du gesagt, ich bin unzuverlässig. Niemand hätte mich verletzen dürfen, du hättest mich verteidigt wie eine Löwin ihr Junges. Du hast mich so geliebt, wie ich war, und dafür bin ich dir dankbar, solange ich lebe.

Wenn man nichts versucht, kann man nichts verlieren. Aber auch nichts gewinnen, man macht sich das Leben sehr einfach. Und einfach ist mein Leben nie gewesen.

Eine gute Bekannte sagte einmal zu mir: »Alles, was ich im Leben möchte ist: ein gemütliches Zuhause, gutes Essen, glücklich sein, von tollen Menschen umgeben sein, kein Stress, kein Drama, keine Konflikte. Je mehr Jahre vergehen, desto weniger kümmert mich, was Menschen über mich denken, oder ob sie meinen Lebensstil verurteilen. Je älter ich werde, desto mehr möchte ich mein Leben genießen.« Diese Worte gefallen mir sehr gut, und ich werde mich daran halten, solange ich noch kann.

Seit einem Jahr gehe ich zu einem Arzt zur Akupunktur. Er ist Vietnamese, Buddhist und sehr gläubig. Er hat einen Tempel gebaut und einen wunderschönen Garten angelegt, in dem ein zweiter Buddha unter einem Dach, aber ansonsten im Freien, sitzt. Ein Geschäftsfreund gab mir die Nummer des Arztes. Ich rief ihn an, fragte ihn, ob er mir einen Termin geben könne, da ich so schlecht laufen kann. Er rief zurück, und ich bekam meinen ersten Termin. Noch heute denke ich sehr oft an diesen ersten Termin. Ich lief ganz langsam mit Stöcken in sein Arbeitszimmer, ich konnte nicht mehr laufen. Er fragte mich nach meinen Krankheiten, ich fragte ihn: »Können Sie mir helfen ich würde so gerne wieder laufen können?«

Er schaute mich an und sagte: »Ja, doch sie müssen Geduld haben, es dauert eine Weile.«

Ich hatte und habe Vertrauen zu ihm und in seine Fähigkeiten, anderen Menschen zu helfen. Bei den wöchentlichen Sitzungen sagte er immer wieder zu mir: »Geh in den Garten, geh zu Buddha.«

Zuerst war ich skeptisch, ich bin katholisch, was soll ich beim Buddha, doch nach einiger Zeit ging es mit dem Laufen immer besser, und ich wollte ihm einen Wunsch erfüllen, also ging ich in den Garten zum Buddha, der im Freien stand. Was sollte ich dort erfahren, ich saß unter dem Baum auf einer Bank und wurde ganz ruhig. Die Nähe des Buddhas tat mir sehr, sehr gut. Nach und nach ging es mir immer besser, meine Gedanken schweiften zurück, ich ließ es geschehen. Vor ein paar Monaten war ich noch sehr traurig, ich konnte nicht richtig laufen, ich hatte keinen Mut zum Leben. Es war das zweite Mal in meinem Leben, dass ich nicht mehr leben wollte, doch es sollte so sein, dass ich zum Buddha fand.

Der Arzt sagte mir: »*Nam Mo A Di Da Phat* musst du den Tag oder nachts immer wieder sagen.«

Ich tat es, ohne zu wissen, was es bedeutet. Dann fand ich es heraus. Es bedeutet: *Hinwendung zum Erleuchteten des unendlichen Lichtes und Lebens.*

Was kann es dir schaden, wenn du das immer wieder vor dich hin sagst ... und es hilft mir, wenn ich im Dunklen bin, wenn ich Angst habe. Wenn Menschen – vor allem Männer – auf mich zukommen, habe ich schreckliche Angst, zwei oder drei Männer, es ist schlimm, der erste Gedanke Flucht oder kannst du weiterlaufen. Das geht alles in Sekunden, ja es ist verrückt, doch alles hat seinen Grund. Auch meine schreckliche Angst vor Männern.

Der Doktor ist der erste Mann, zu dem ich wieder Zutrauen habe, er ist sehr einfühlsam. Er versucht, allen Menschen zu helfen, die ihn aufsuchen, und ich sage immer wieder, er lebt seinen Glauben, er hilft allen, wenn er kann. Durch ihn kam ich zum Buddha.

An einem Tag, an dem es stark regnete, konnte ich mich nicht auf meine Lieblingsbank setzen unter dem Baum, also ging ich zum anderen Buddha, der im Tempel steht. Er war für mich zuerst unheimlich, denn der Buddha im Freien hat ein Lächeln in seinem Gesicht, das mir Mut gegeben hat, und der andere Buddha schaut etwas ernst, so habe ich das empfunden. Ich ging in den Tempel, zog meine Schuhe aus, das ist Pflicht, und setzte mich auf eine der Bänke. In Gedanken schaute ich ihn an. Je länger ich saß, desto freundlicher schaute er mich an. Mein Vertrauen wuchs mit jedem Mal mehr und mehr.

Donnerstags gehe ich zum Buddha, um zu rezitieren, und freue mich darauf, beim Buddha sitzen zu können, zusammen mit anderen Menschen – Buddhisten, die sehr gläubig sind und solche Leute wie ich, die ihren Weg suchen, aber noch nicht gefunden haben. Am liebsten bin ich allein beim Buddha. Es stört mich dann niemand, und meine Gedanken können fließen, zurück in meine Vergangenheit, und dann rede ich mit ihm. Wenn ich beim Buddha bin, geht der Deckel von meinem Topf auf, der in meinem Körper ist und in dem mein ganzes Leben gespeichert ist. Es kommen Gedanken ans Tageslicht, vor denen ich mich erschrecke, und immer wieder verspüre ich den Wunsch, über mein Leben zu schreiben. Doch etwas hält mich zurück. Wie willst du ein Buch schreiben, du hast siebeneinhalb Jahre Grundschule, hast keine weiterbildende Schule besucht außer die Berufsschule, und die hatte mit Obst und Gemüse zu tun. Wie willst du die richtigen Worte finden?

Doch wenn ich beim Buddha sitze, ist alles wie weggeblasen. Er sagt mir nur, mach weiter, schreibe das Buch, und ich antworte ihm: »Ja ich werde das Buch schreiben.« Die Sonne scheint in den Tempel, es ist warm und ruhig, nur die Vögel zwitschern. Ich kann in Gedanken mit Buddha reden, er schaut mich an. Mein Vertrauen liegt bei ihm, es ist so schön, ein Gefühl, so wohlig warm. Er öffnet den Deckel meiner alten Gedanken, sie kommen zum Vorschein, alles fließt, es gibt nur den Buddha und mich. In meiner Vorstellung verschmelzen wir zu einer Einheit.

Wenn ich beim Buddha bin, werde ich ganz ruhig, meine Gedanken gehen zurück in meine Kindheit und Jugend. Ein Leben liegt hinter mir. Am Anfang, als ich die ersten Versuche machte, mein Leben niederzuschreiben, musste ich viel weinen. Der ganze Schmerz kam zu mir zurück. Beim Schreiben durchfluten mich meine Gedanken, ich schreibe sie auf, und noch während ich schreibe, habe ich danach alles vergessen. Ich habe keine Bitte an Buddha, nur möchte ich gute Gedanken finden, damit ich sie niederschreiben kann.

Im Mai 1943 habe ich das Licht der Welt erblickt. Unsere Familie bestand aus Mutter und Vater und einer Schwester, es gab eine Großmutter, einen Großvater mütterlicherseits und eine Großmutter väterlicherseits. An meine eine Großmutter kann ich mich nicht erinnern. Den frühen Tod ihrer beiden Söhne hat sie nie verkraftet. Ihr Mann starb sehr früh, mein Vater war der Älteste und musste die Familie ernähren, es gab fast keine Arbeit vor dem Krieg, was blieb ihm übrig, als in den Steinbruch zu gehen, um Steine zu klopfen. Aber was macht man nicht alles, um eine Familie zu ernähren. Sie hatten noch zwei kleinere Ackergelände, wo Kartoffeln, Karotten und etwas Gemüse angebaut wurden, damit man zusätzlich zu dem wenigen Geld etwas hatte. Der zweite Bruder ging zur Wehrmacht als Berufssoldat, der dritte Bruder konnte eine Lehre machen. Es gab noch eine Schwester, die arbeitete in einer kleinen Fabrik, und der jüngste Bruder, der kleine, hatte mit einem Jahr Hirnhautentzündung bekommen und war seit dieser Zeit halbseitig gelähmt; er war in einem Heim untergebracht. Als der Krieg anfing, wurde mein Vater eingezogen, der zweite war bei der Wehrmacht und musste an die Front. Auch der dritte Bruder wurde eingezogen, doch vor seiner ersten Kampfhandlung trat er auf eine Miene und war sofort tot. Er war noch nicht verheiratet. Der zweite Bruder musste gegen Russland kämpfen und wurde im Kampf getötet. »Er starb für sein Vaterland«, stand in dem Schreiben, das seine Frau erhielt. Sie war alleine mit zwei kleinen Mädchen. Da München, wo sie wohnten, zu gefährlich wurde, konnten sie zu meiner anderen Großmutter kommen und dort beengt wohnen. Aber sie hatten ein Dach über dem Kopf und zu essen.

Mein Vater wurde geschont, denn er war Namensträger, er brauchte nicht nach Russland und durfte auf die Kanalinseln Jersey und Gernsey. Da hatte er es schön, bis die Alliierten im Juni 1944 kamen. Da rannten alle Deutsche wie die Hasen. Doch auch hier waren noch Soldaten, die meinten, der Krieg wäre noch zu gewinnen, und hielten die Soldaten zurück. Es mussten noch viele sterben, bis manche verstanden, dass der Krieg zu Ende war. Mein Vater, er wurde verwundet, doch er durfte nach seiner Genesung bald nach Hause.

Der kleine Bruder war in einem Heim, wo er lesen und schreiben lernte, das Heim war so eine Art Schule. Eines Abends kam der katholische Pfarrer zu meiner Großmutter und sagte zu ihr: »Man hört so schreckliche Sachen, bitte holen Sie ihren Jungen nach Hause, er ist in der Schule nicht mehr sicher.« Sie folgte seinem Rat, holte den Jungen nach Hause, und er wurde nicht umgebracht wie viele andere Kinder. Doch es war zu viel für meine Großmutter. Sie starb bald darauf. Sie bekam Krebs, es gab keine Medizin wie heute, und das war ein Todesurteil. Meine Tante hat den kleinen Bruder nicht alleine gelassen. Sie hat es ihrer Mutter versprochen. Bis zu ihrem Tod wohnte er bei ihr und ihrem Mann. Er kam dann in ein Heim, wo es ihm gut ging, aber jeden Tag sprach er von seiner Schwester. Er hatte Heimweh nach ihr und freute sich auf ein Wiedersehen nach seinem Tode mit allen, die vor ihm gegangen waren.

Die andere Großmutter kannte ich recht gut. Als mein Vater nach der kurzen Gefangenschaft zurückkam, durfte er nicht mehr in den Steinbruch gehen, um Steine zu klopfen. Auch wir zogen zu meiner Großmutter ins Haus in den zweiten Stock. Wir hatten ein Schlafzimmer, ein Kinderzimmer, das in ein weiteres Zimmer führte, das von der Familie im ersten Stock mitbenutzt wurde, und wir hatten ein Wohnzimmer, aber alles ohne Heizung. Ein Badezimmer gab es noch nicht.

Samstag war Badetag. Meine Mutter spannte eine dicke Schnur mitten durch die Küche und darüber wurde ein Laken gehängt. Hinter dem Laken und vor dem Ofen, der mit Holz und Kohle bestückt wurde, stand eine große ovale Blechwanne. In diese wurde das heiße Wasser hineingeschüttet, dieses wurde auf dem Ofen erwärmt. In dem Ofen befand sich auch noch ein Behälter, und in diesen wurde kaltes Wasser hineingeschüttet, und wenn der Ofen angemacht wurde, hatten wir zusätzlich heißes Wasser zum Kochen oder samstags zum Baden. Zuerst durfte Vater baden, dann kam meine Mutter, und jeder hatte ein Stück Kernseife zum Waschen. Da meine Familie ja auch im Feld arbeitete, war das Wasser nicht mehr sauber, und wir Kinder bekamen frisches Wasser. Zuerst kam meine Schwester an die Reihe und zuletzt ich.

Meine Großmutter wohnte im ersten Stock mit Großvater, meiner Tante Jutta und Tante Friedel mit den zwei kleinen Kindern. Aber das war nicht von langer Dauer, bald gab es Wohnungen zu mieten, und meine Tante Friedel zog mit ihren zwei kleinen Kindern in eine Wohnung. Jutta heiratete bald darauf, und wir hatten den zweiten Stock für uns alleine. Doch eines habe ich vergessen, zu erwähnen, keine der Wohnungen im Haus hatte eine Toilette. Wir mussten in den Hof, da war eine Toilette, da verrichteten alle ihre Notdurft. Im Sommer war das kein Problem, nur im Winter war es sehr kalt. Wenn ich zurückdenke, kann ich mich noch an die erste Toilette im Elternhaus erinnern: Wir hatten zwei Schweine, zwei Ziegen, und neben dem

Schweinestall war die Toilette. Es war ein kleines Häuschen, darin war ein Brett mit einem kleinen Loch. Das war die Toilette.

Als wir ins Haus meiner Großmutter gezogen sind, hat sich nach und nach vieles geändert, man bekam auch wieder Sachen zu kaufen, und man konnte vieles neu machen. Der Misthaufen kam weg, und es wurden Rohre verlegt und das Abwasser wurde nach draußen verlegt. Dann kam die zweite Toilette – noch im Hof, aber bereits ein Fortschritt, eine richtige Toilette mit Wasserspülung. Im Winter wurden die Wasserrohre mit Säcken und Stroh abgedichtet, damit das Wasser nicht einfror, und wenn es ganz kalt war, wurde das Wasser abgestellt, und wir mussten einen Eimer Wasser mitnehmen, um alles runterzuspülen. In der Nacht brauchten wir nicht in den Hof gehen. Wir hatten so eine Art Bettpfanne, wie sie heute noch in Krankenhäusern benutzt werden, wenn man frisch operiert ist. Die wurden dann am Tag in der Toilette ausgeschüttet.

Dann ging es Schlag auf Schlag. Wir bekamen ein neues Bad, eine Toilette im Badezimmer, und das Wasser im Badeofen wurde mit Holz warmgemacht. Ich war selig. Ich hatte mein eigenes Badewasser, und wenn man Feuer machte, durfte man zwei bis drei Mal in der Woche baden. Was für ein Fortschritt! Wie wunderschön war diese neue Welt.

Meine Schwester Helene war neun Jahre älter als ich und wusste alles besser. Sie verpetzte mich immer meiner Mutter, wenn ich was anstellte, und das war ständig der Fall. Ich war ja so artig, wenn es was anzustellen gab, war ich immer dabei! Die Freunde meiner Eltern sagten immer, ich wäre besser ein Junge geworden, denn es gab nichts, was ich nicht kaputt machte, kein Baum war zu hoch und kein Dach. Ich bin von einem Dach zum anderen gehüpft wie ein kleiner Affe. Im Kindergarten war ich auch, aber da bekam ich fast jeden Tag Haue. Die katholische Schwester machte den Sandhaufen schön gerade, doch kaum hatte sie sich umgedreht, war ich wieder am Sandhaufen. Oh, das war schlimm, sie kam mit einem kleinen Besen gerannt und haute mir die Hucke voll. Wir hatten keine Schaukeln, keine Rutschen, es gab nichts, nur den Sandkasten. Und wir durften jeden Tag beten, das begeisterte mich gar nicht.

Wir bekamen jeden Tag Schulspeisung von den Amerikanern, denn viele Kinder hatten ja zu Hause nicht viel zu essen. Oft gab es Pudding, den esse ich heute noch nicht gerne, und damals auch nicht. Meine Mutter machte sich einen Spaß daraus, als Baby gab sie mir Pudding und meinem Cousin auch, der sperrte den Mund auf wie ein kleiner Vogel – ein Löffel für mich, und sie hatte den ganzen Pudding in ihrem Gesicht. Mit Spinat war es genauso, aber mit dem habe ich mich heute angefreundet, den mag ich.

So ging es jeden Tag. Nach dem Kindergarten kam ich nach Hause, wo ich alle ärgerte, die ich ärgern konnte. Das Pfeifen war meine Stärke. Wenn ich zu Hause war, wurde gepfiffen und gesungen, ich war ein fröhliches Kind schaute immer, was anzustellen war und machte mich dann aus dem Staub. Schläge bekam ich jede Woche einmal, manchmal zweimal, und wenn es ganz hoch herging auch dreimal von meiner Mutter, meiner Schwester oder von der katholischen Schwester. Ich war niemandem böse, denn ich wusste ja selbst, was ich wieder angestellt hatte. Von meinen Eltern bekam ich zu Weihnachten einmal einen kleinen Wagen aus Holz geschenkt, vor dem zwei Pferde gespannt waren. Er war sehr stabil gebaut, denn sie dachten, das ist jetzt so fest gebaut, das kann sie nicht kaputtmachen. Aber meine Eltern kannten ihre Tochter noch nicht. Ich drehte den Wagen hin und her, und sie sahen, wie ich überlegte, an welcher Stelle ich ihn auseinandernehmen konnte. Ich probierte es an den Rädern und an der Deichsel. Ich probierte alles, und meine Eltern beobachteten mich. Als alles nicht half, drehte ich den Wagen um und hüpfte auf den Wagen immer und immer wieder, und siehe da, er war kaputt und fiel auseinander. Ich war zufrieden, ich hatte es wieder geschafft. Aber einen zweiten Wagen bekam ich nicht mehr. Meine Eltern wurden immer sparsamer mit ihren Geschenken, doch ich war nie böse, weil ich fast nichts bekam. Mit Puppen spielen wollte ich auch nicht, das war mir zu langweilig. Ich sammelte Käfer, spielte mit jungen Mäusen, wir hatten Hühner, Enten und Gänse. Bei den Tieren fühlte ich mich wohl, nie hätte ich einem Tier etwas angetan, diese Tiere liebte ich, und wenn ein Tier geschlachtet wurde, weinte ich fürchterlich. Sie machten es immer, wenn ich nicht zu Hause war. Aber meine Tiere hatten Namen, und wenn eines fehlte, merkte ich es sofort.

Als ich geboren wurde, wohnte die Familie bei meinem Onkel. Wir hatten eine kleine Wohnung, sie musste ja nicht groß sein. Papa war im Krieg, und für Mama, meine Schwester und mich reichte das vollständig. Nach meiner Geburt bekam mein Vater Heimaturlaub, er durfte nach Hause. Meine Mutter hatte ja zu essen , aber Fleisch gab es nur auf Marken, deshalb hob sie diese Marken auf, bis sie ein halbes Pfund Fleisch bekam. Sie machte eine wunderbare Soße, denn sie war vor der Heirat in einem Kinderheim als Köchin beschäftigt gewesen und konnte kochen. Während sie mich noch stillte, machte mein Vater sich über das Fleisch her. Als sie das sah, wurde sie böse. Ein halbes Jahr kein Fleisch, sie freute sich so darauf, und in fünf Minuten hat mein Vater alles verschlungen, ohne dass er ihr etwas übriggelassen hätte. Dabei war er so dick und rund. In seine Hose passten meine Mutter und meine Schwester rein, so fett war er, und aß meiner Mutter und meiner Schwester das ganze Fleisch weg. Das hat meine Mutter ihm nie verziehen. Auch mit mir hatte er es. In dieser Zeit, als er da war, schrie ich die ersten drei Tage ohne Unterlass, drei Nächte. Er schob mich ins Wohnzimmer, wo ich nun alleine schlafen sollte, mit der Begründung, er möchte schlafen, und ich hätte gefälligst ruhig zu sein. Jede Mutter hat Angst um ihr neugeborenes Kind, doch sie durfte erst aufstehen und nach mir schauen, als er schlief und schnarchte.

So einen Rabenvater hatte ich mir ausgesucht.

Er brachte eine silberne Kaffeekanne mit von der Insel Jersey von einem großen Hotel und gab sie meiner Mutter. Diese wollte die Kanne nicht. Sie bat ihn, diese Kanne wieder mitzunehmen. Das konnte er aber nicht, denn er hatte sie beim Kartenspielen gewonnen. Das glaube ich ihm sogar, mit Beutekunst hatte er nichts am Hut, aber bei den hübschen Französinnen konnte er nicht nein sagen. Wenn ich Schwestern oder Brüder auf der Insel Guernsey oder Jersey hätte, würde es mich nicht wundern. Also kam die Kanne in den Wohnzimmerschrank, und niemand durfte sie anfassen.

Der Urlaub meines Vaters ging zu Ende, er kehrte zurück nach Guernsey. Wir waren wieder alleine in der Wohnung.

Mein Vater war weg, aber der Krieg kam zu uns. Wir wohnten in einem Dorf ungefähr zwanzig Kilometer von der nächsten Stadt entfernt. Die Leute im Dorf hörten die Sirenen heulen, sie hörten die Bomben einschlagen, sie sahen den roten Himmel. Es brannte, die ganze Stadt brannte, es war fürchterlich. Die Männer waren im Krieg, es waren doch nur alte Männer, Frauen und Kinder. Sie bombten ohne Erbarmen, sie zahlten uns zurück, was wir anderen angetan hatten. Auch sie sagten Auge um Auge, Zahn um Zahn. So ist das Leben.

Meine Großmutter hatte eine kleine Landwirtschaft und war eine Art Dorfschwester. Sie machte viel fürs Dorf, und vielleicht deshalb bekam sie Gefangene, die ab und zu im Winter aushelfen durften. Meine Mutter erzählte mir davon. Es waren zwei Franzosen, die sich mit meiner Mutter sehr gut verstanden. Sie wärmten ihr die kalten Hände und sagten, Katharina das ist keine Arbeit für dich, du bist eine Frau, und es ist so kalt, gehe nach Hause. Doch sie musste bleiben und mitarbeiten. Nach dem Krieg sagte sie immer zu mir, ich wollte diese Männer so gerne wiedersehen, um zu wissen, wie es ihnen geht, ob sie noch leben, ob sie den Krieg gut überstanden haben.

So wie die Nachbarn zur rechten Seite des Hauses: Es waren Juden, sie hatten eine Tochter, und meine Mutter und das Mädchen spielten zusammen. Sie hat immer Feuer angemacht am Sabbat. Diese Leute hatten alles in den Ofen getan, und meine Mutter brauchte nur das Streichholz in den Ofen stecken, damit das Feuer brannte. Auch da sagte sie immer wieder, wie wird es meiner Freundin gehen und ihren Eltern, haben sie den Krieg überlebt, sie wurden doch von der Gestapo abgeholt.

Meine Mutter hatte wenig Hoffnung, und das hat sie sehr beschäftigt. Wir haben weder von den einen, noch von den anderen was gehört.

Als der Krieg zu uns kam, arbeiteten viele Gefangene mit alten Männern, Frauen und Kindern auf den Feldern. Bomben fielen keine auf unser kleines Dorf, aber die Flugzeuge kamen von oben runter und schossen auf alles, was sich bewegte, voller Hass. Sie haben viele Leute getötet, wussten die überhaupt dass sie ihre eigenen Leute umbrachten? Denn all die jungen Männer waren Gefangene, die brachten ihre eigenen Leute um. Was Hass und Wut alles fertigbringen.

Bei uns war auch Alarm, wann immer die Bomber kamen, man wusste ja nie, wo sie ihre tödliche Last fallen lassen würden. Alle Leute rannten in die Keller, so auch meine Mutter und meine Schwester.

Meine Mutter nahm das Paket mit den Papieren, meine Schwester rannte voll Angst ins Schlafzimmer, nahm mich aus der Wiege, drückte mich ganz fest an ihre Brust und wollte mit mir in den Keller, doch sie stolperte an der Treppe, und wir fielen die Treppe hinunter, sie hatte den Kopf über mich gebeugt, hielt mich ganz fest, wir kugelten die Treppe hinunter, und weder meiner Schwester noch mir ist etwas passiert.

Das war das erste Mal in meinem Leben, dass ich noch weiterleben durfte. Nur Gott weiß, wann und wo das Leben zu Ende geht.

Obwohl mein Vater am Anfang meines Lebens nicht so freundlich zu mir war, wurde ich sein Liebling. Meine Schwester und ich hatten gute Eltern, sie beschützten uns und hatten trotz der Arbeit immer ein offenes Ohr.

Nur mit mir hatten sie ein paar Probleme. Ich war nicht böse, hatte aber einen starken Willen und wollte machen, was mir gerade so einfiel, und nicht, was meine Eltern von mir wollten. Lesen war für mich etwas Schönes, wenn ich ein Buch in die Hand bekam, vergaß ich alles um mich herum. Ich war so neugierig auf die Welt da draußen, und es gab ja noch kein Fernsehen.

Autos gab es auch nur ganz wenige. Wir hatten einen kleinen LKW. Einen Holzvergaser, der wurde mit Holz beheizt, und dann fuhr er das Gemüse, das wir im Feld angebaut hatten in die Stadt. Von den Nachbarn nahmen wir auch Waren mit – Äpfel, Birnen, alles, was auf den Bäumen wuchs, wurde auf den LKW geladen, und ab ging es in die Stadt auf den Markt. So fing unser Marktgeschäft an.

Doch die Bücher hatten es mir angetan. Lesen war das Schönste, was es gab für mich. Überall hatte ich Bücher liegen, und am liebsten las ich auf der Toilette. Meine Mutter hat es mir verboten, aber wie immer hielt ich mich nicht daran. Ich saß auf der Toilette und las in einer Zeitschrift. Meine Schwester machte die Badezimmertür auf, sah mich und schrie: »Mama, die liest wieder auf der Toilette!« Ich saß auf der Toilette fest und konnte mich nicht wehren. Meine Mutter kam wutschnaubend ins Badezimmer mit einem großen Spatzenbrett und schlug auf mich ein, worauf ich ganz laut schrie, das war das einzige, was ich machen konnte, ich wehrte mich so gut es ging, und das Spatzenbrett ging in der Mitte entzwei. Da merkte sie in ihrer Wut, was sie mit mir gemacht hatte. Sie verließ das Badezimmer und ich ließ sich den ganzen Tag nicht mehr blicken.

Heute geht das nicht mehr. Du darfst keine Kinder mehr schlagen, und tatsächlich, was haben diese Schläge gebracht? Ich lese immer, noch wenn ich zur Toilette gehe, zwar nicht mehr so lange wie damals, doch das steckt in mir drin, was verboten ist und ich nicht einsehe, wird extra gemacht. Man wird älter und vernünftiger, aber der Wille bleibt. Jetzt erst recht. Nicht nur auf der Toilette habe ich gelesen, nein überall, und ich vergaß, dass ich ja Aufgaben zu erledigen hatte. Meine Eltern gingen ins Feld, um zu arbeiten, und ich sollte Geschirr spülen, aber lesen war schöner. Die ganze Welt stand mir offen. Ich schlang alles in mich hinein. Es war so schön, von Menschen zu lesen, wie sie wohnten, was sie arbeiteten, was es zu essen gab. Das Meer hatte es mir angetan, ich hatte solche Sehnsucht nach dem Meer und hatte es noch nie gesehen. Doch das sollte sich später ändern. Plötzlich wachte ich auf, du darfst nicht mehr lesen, du musst doch Geschirr spülen. Weil wir nur einen Spülstein hatten, wurde das Geschirr auf dem Tisch gespült. Wir hatten zwei Schüsseln auf dem Tisch stehen, in eine kam das schmutzige Geschirr hinein, in die andere das Wasser zum Nachspülen. Wenn meine Eltern nicht zu Hause waren, benutzte ich nur eine Schüssel, das ging schneller, Geschirr rein, raus, abtrocknen und fertig. Meine Mutter merkte es nicht, und so schummelte ich mich bei Kleinigkeiten durchs Leben.

Ich las auch im Bett, doch nach einer halben Stunde wurde das Licht ausgemacht. Doch das Buch war so spannend, also nahm ich meine Taschenlampe und las unter der Bettdecke weiter.

Aber meine Eltern kannten ihre Tochter, sie schlichen sich ins Zimmer und sahen, dass ich unter der Bettdecke weiterlas. Es hagelte Verbote, doch das störte mich nicht, denn ich war in fremden Ländern, da war es so schön, da wollte ich hin, was störten mich da die Verbote. Ich war in einer anderen Welt. Wenn der Mond in mein Zimmer schien, las ich auch bei Mondschein, aber der Mond wandert und bleibt nicht an meinem Fenster stehen, und so ergab ich mich in mein Schicksal. Lesen, nur wenn ich darf.

Doch einmal hatte ich Glück, wie oft in meinem Leben. Meine Mutter war in der Küche und band Petersiliensträußchen, die wir auf dem Markt verkauften. Ich sollte helfen, doch mir war übel, sodass ich mich aufs Sofa legte, das hinter dem Tisch stand, an dem meine Mutter arbeitete. Sie sagte, hilf mir, dass ich schneller fertig werde, doch mir war so schlecht, ich musste mich übergeben und sagte ihr, ich kann nicht, mir ist so schlecht, doch sie glaubte mir nicht, weil ich ja so gut schummeln konnte. Aber diesmal war es wahr. Ich sagte zu ihr, geh bitte ins Badezimmer, dann wirst du sehen, ich lüge dich nicht an. Dann glaubte sie mir endlich. Ich bekam am Körper rote Flecken, der Arzt kam, und weil wir ein Gemüsegeschäft hatten, wurde unsere Wohnung ausgeräuchert. Ich musste ins Krankenhaus, in die Kinderklinik. Es waren noch zwei Kinder in dem Zimmer. Wir hatten eine Glastüre, durch die man durchsehen konnte. In das Zimmer durfte niemand, nur die Ärzte und Schwestern, kein Besuch sechs Wochen lang. Ein Arzt kümmerte sich sehr um mich, er brachte mir zu lesen, das war das, was ich wollte – erst Kinderbücher, dann Romane für Kinder –, und dann sagte er: »Ich habe nichts mehr für Kinder, nur von anderen Ländern.« Reiseberichte und Beschreibungen, das war das richtige für mich, es war wunderbar. Ich konnte lesen, und niemand schimpfte mit mir.

In diesen sechs Wochen, die ich in dem Krankenhaus verbrachte, entwickelte ich eine Sehnsucht nach der Ferne, die ich bis heute immer noch habe. Ein ganzes Leben wollte ich nicht an einer Stelle bleiben, aus meinem Zuhause in Deutschland immer wieder ausbrechen, immer an andere Orte in dieser Welt.

So vergingen die Jahre, das Leben wurde leichter. Man konnte in die Geschäfte gehen, es gab alles wieder zu kaufen. Wir hatten einen LKW, der mit Diesel fuhr, nicht mehr mit Holz. Meine Eltern hatten die Scheune umgebaut zu einem Wohnhaus, wir hatten ein Badezimmer und eine Heizung, alles war schön. Neben einer Waschmaschine gab es noch einen Fernseher, schwarzweiß zwar, aber es war ein Fernseher, wir brauchten nicht mehr in die

Wirtschaft zu gehen, um fernzusehen, wir hatten unseren eigenen.

Großvater war in der Zwischenzeit gestorben, aber meine Großmutter war noch bei uns. Wir hatten ein sehr gutes Verhältnis. An einem Weihnachtsabend fragte meine Großmutter mich: »Maria, gehst du mit mir, wir gehen zu Tante Jutta (sie hatte inzwischen drei kleine Kinder) und bringen ihnen die Weihnachtsgeschenke.« Ich fragte meine Eltern, ob ich mitgehen dürfe, und sie hatten nichts dagegen. Meine Mutter hatte noch Arbeit, denn zwischen Weihnacht und Neujahr durfte weder gewaschen noch gebügelt werden.

So gingen Großmutter und ich mit den Geschenken auf dem Arm zu meiner Tante Jutta. Die Kinder freuten sich über die Geschenke, meine Großmutter trank ein Glas Wein und ich einen Saft. Es war sehr harmonisch, bis plötzlich die Türe aufging und die Mutter ihres Schwiegersohnes an der Türe stand. Als sie uns sah, fing sie an zu schimpfen und schrie: »Na, schämt ihr euch nicht an Weihnacht bei fremden Leuten zu sein?«

Meine Großmutter stand ganz starr, das ganze Blut wich aus ihrem Gesicht, dann kam auch noch ihr Mann, der schimpfte genauso mit uns. Der Schwiegersohn meiner Großmutter sagte keinen Ton. Warum schrien diese Frau und der Mann, hatten sie wirklich das Recht, die Mutter meiner

Tante hinauszuwerfen? Sie waren doch auch nichts anderes als die Eltern des Mannes. Ich war noch zu jung, ich verstand das alles nicht, aber vergessen kann ich das bis heute noch nicht. Das hat sich so in meinen Kopf eingebrannt, dass jedes Mal, wenn Weihnachten ist, ich Angst habe zu meinen eigenen Kindern zu gehen.

Meine Großmutter sagte nur: »Komm Kind wir gehen«. Wir zogen uns an und gingen. Wir hatten das Haus verlassen, da fing meine Großmutter an zu weinen, und ich weinte mit ihr. Es war so ein Weihnachten, wie man es sich wünscht. Es rieselte der Schnee es, war ein richtiger Weihnachtsabend. Doch da liefen zwei einsame Gestalten, die so traurig waren, dass alles um sie wie im Nebel verschwand. Sie sahen nichts, sie hörten nichts – nur den brennenden Schmerz in ihrem Inneren. Der war so stark, die Welt hätte einstürzen können und sie hätten es nicht gemerkt. Wir liefen nach Hause mit Halbschuhen, und keiner bemerkte den Schnee, der in die Schuhe lief. Meine Großmutter ging in ihre Wohnung, und ich ging zu meinen Eltern, ich habe mich so geschämt, dass ich meinen Eltern kein Wort gesagt habe.

Wenn ich heute darüber nachdenke – was muss meine Großmutter geweint haben in dieser Nacht. Sie tut mir so leid, wenn ich daran denke, und das tue ich sehr oft.

Im Herbst 1949, ich war gerade sechs Jahre alt, kam ich in die Hauptschule. Nach gerade mal sechs Monate kam ich in die zweite Klasse, nicht weil ich so intelligent war, sondern weil der Schuljahresbeginn vom Frühjahr auf den Herbst verlegt wurde. Ein halbes Jahr wurde mir und allen anderen Kindern, die diesem Jahrgang angehörten, geschenkt. In die Schule zu gehen, war für mich sehr schön und aufregend. Wissbegierig, wie ich war, habe ich alles aufgesogen, doch zu Hause habe ich nicht viel gelernt, manchmal war ich auch etwas faul, doch bin ich immer gut mitgekommen. Im Lesen hatte ich immer eine eins, und in den anderen Fächern lag ich im Mittelfeld. Ich war einigermaßen brav, dumme oder freche Antworten durften wir keine geben, sonst hagelte es Schläge oder man musste eine Geschichte dreißigmal abschreiben, da überlegt man vorher, was für Antworten man gibt. Wenn die Lehrer dachten, wir waren nicht brav genug, durften wir nachmittags nochmals die Schulbank drücken, um dann eine Geschichte fünfzigmal abzuschreiben, doch da war ich selten dabei.

Vormittags ging ich gerne zur Schule, nur nachsitzen wollte ich nicht, aber es ließ sich nicht immer umgehen. Wenn es etwas anzustellen gab, die Maria war immer dabei ... So machten wir Kinder gerne eine Schlange, hielten uns an den Händen und liefen von einer Seite des Schulhofes auf die andere Seite und drehten Kurven. Das durften wir nicht, aber manchmal machten wir es trotzdem. Ein Lehrer sah es und holte ein paar Kinder vom Schulhof – natürlich war ich auch dabei. Wir bekamen Schläge, auf jede Hand zwei, mit einem ganz dicken Stock. Es war ein extra Stock, den der Lehrer vom Wald holte, der tat richtig weh, ich kann es nicht oft genug sagen. Unsere Hände waren ganz dick geschwollen, und wir konnten sie zwei, drei Tage nicht richtig bewegen. Es tat weh, ich habe die Zähne zusammengebissen, kein Laut kam von meinen Lippen, doch innerlich kochte ich. Den Lehrer habe ich verflucht und ihm alles Schlechte gewünscht, was es nur in meinen Gedanken gab. Zu Hause durften wir das nicht erzählen, sonst hätte es noch ein paar Ohrfeigen dazu gegeben.

So war die Erziehung in den fünfziger Jahren, bekamst du Schläge in der Schule, durftest du das zu Hause nicht erzählen. Und wie ist das heute? Die Schüler haben das Paradies, und sind die Menschen zufrieden? Nein, sie wollen immer noch mehr und mehr und mehr.

Doch es gab auch schöne Tage, an denen die Kinder friedlich waren, und auch die Lehrer , sofern sie von ihren Frauen nicht geärgert wurden. Da war die Welt in Ordnung. In siebeneinhalb Jahren Schule war nicht ein Tag wir der andere, und ich habe manchen Lehrer zur Verzweiflung gebracht.

Da ich keine frechen Antworten geben durfte, habe ich mir angewöhnt, alles lustig zu finden, und wenn etwas nicht in Ordnung war, habe ich angefangen zu lachen. Das hat sie zur Weißglut gebracht und zur Verzweiflung, sie konnten mich ja nicht schlagen, nur weil ich eine Sache lustig fand und lachte, obwohl sie ernst war. Das war meine Rache – zu lachen, denn sie konnten mir dann nichts tun.

Ich war in dieser Zeit zwischen zehn und zwölf Jahre alt. Später im Leben, wenn es ernste Schwierigkeiten gab, musste ich immer noch lachen, wenn ich davon erzählte. Die Schule ging ja bald zu Ende, ich war noch keine vierzehn Jahre alt, und am letzten Tag der Schule habe ich auch wieder gelacht. Es ist so lange her, es war bestimmt eine Kleinigkeit, an die ich mich wirklich nicht mehr erinnern kann, aber der Klassenlehrer hatte mir eine runtergehauen, ich wusste nicht warum, ich verstand die Welt nicht mehr. Ich nahm meine Schulbücher aus der Schulbank, legte sie in meinen Schulranzen, hängte ihn über meine Schulter und schaute ihn voll Verachtung an. Ich ging aus der Schule und drehte mich nicht mehr um. Vergessen konnte und wollte ich nicht.

Nach Jahren und auch noch heute kommen einmal im Jahr die Schulkammeraden zusammen. Bei jeder Einladung fragte ich erst, ob auch mein Klassenlehrer kommt. Wenn er die Einladung angenommen hatte, ging ich nicht hin, und wenn ich ihn von weitem sah, machte ich einen großen Bogen und ging eine andere Straße. Nur einmal hatte er mich überrascht und kam zur Klassenfeier, ohne dass ich es vorher wusste. Es gab kein Entrinnen für mich.

Er kam geradewegs zu mir an meinen Tisch und bat, Platz nehmen zu dürfen. Wiederwillig sagte ich ja, es blieb mir nichts übrig, und er sagte sofort ohne Umschweife, er möchte sich entschuldigen, es täte ihm leid, was er mir am letzten Tag in der Schule angetan hätte. Er entschuldigte sich vor meinen Klassenkameraden in aller Öffentlichkeit, ich hätte zufrieden sein können. Und ich sagte auch, es ist in Ordnung, doch in meinem Innern habe ich es nicht vergessen, sonst würde ich es ja heute nicht mehr wissen und schreiben. Die Milch, die man in den Ausguss schüttet, kann man ja auch nicht mehr zurückholen, und die Worte, die man ausspricht im Zorn, kann man auch nicht mehr zurücknehmen, das weiß ich selbst denn meine Freundin sagte immer zu mir, du musst erst denken und dann reden. Das ist wahr, es ging mir öfters so, ich habe erst geredet und dann gedacht.

Wenn heute in der Schule ein Kind nur schief angesehen wird vom Lehrer kommen schon die Eltern gerannt, um sich zu beschweren. Das ist auch nicht gut. Schlagen verurteile ich, doch alles durchgehen zu lassen, ist auch nicht das beste Wir waren keine Kinder mehr, vielleicht vom Alter her, mit nicht einmal vierzehn Jahren waren wir selbständige Wesen und für uns sollte das Arbeitsleben beginnen. Niemand hat nach uns gefragt, niemand hat gesagt, du bist zu jung, du darfst noch nicht arbeiten, du darfst mit dreizehn Jahren noch keinen LKW abladen, du darfst keine zwei bis drei Tonnen und mehr Obst und Gemüse tragen. Das war in dieser Zeit ganz normal, alle Kinder suchten mit ihren Eltern eine Lehrstelle, und wenn sie Glück hatten, fanden sie sofort eine, und am nächsten Tag ging's zur Lehrstelle.

Bei uns hieß es immer Lehrjahre sind keine Herrenjahre, und so war es. In die Schule wollte ich ohnehin nicht mehr. Ich hatte es gut, ich arbeitete im Betrieb meiner Eltern auf dem Großmarkt. Die Arbeit war sehr schwer, man musste viele schwere Kisten schleppen, doch sie gefiel mir sehr, ich hatte Kontakt mit vielen Menschen aus vielen Nationen, und nicht ein Tag war wie der andere, das war das, was ich wollte. Ich war nicht in einem Zimmer angebunden, sondern arbeitete draußen in der freien Natur, das machte mir Spaß. Morgens um vier Uhr hieß es aufstehen, fertigmachen und ab ging´s mit dem LKW auf den Großmarkt. Wir fuhren mit dem Auto eine halbe Stunde, dann waren wir dort. Jeder hatte seinen eigenen Platz, auf den er sich stellen durfte. Es gab nichts als den nackten Boden, auf dem mit weißer Farbe die Nummern geschrieben waren; der eine hatte einen Platz, die anderen drei, vier, je nachdem, wie viele Waren sie zu verkaufen hatten und wie viel sie bezahlen konnten. Außen herum patrouillierte berittene Polizei, die gaben acht, dass kein Auto vor einer bestimmten Zeit auf den Platz fuhr, um die Waren abzuladen, und dass kein Käufer vor sechs Uhr hineinging, um Ware zu kaufen. Darauf wurde streng geachtet, und wenn es einer probierte, wurde er von der Polizei mit den Pferden weggescheucht.

Es war eine Zeit, die man sich heute nicht mehr vorstellen kann. Es war alles offen, die Polizei war mit Pferden vor Ort, das ging heute nicht mehr, denn wir haben so viel Verkehr, so viele Autos, Motorräder, Mopeds, Fahrräder ... Früher gab es das alles nicht in dieser Menge, es war alles weniger, und es war etwas ruhiger. Doch mitten auf dem Platz stand ein einstöckiges Haus. Darin befand sich eine kleine Wirtschaft, und es waren Toiletten vorhanden, denn irgendwie mussten die Menschen ja auch eine Toilette benutzen. Viele Leute, die zum Großmarkt kamen, gingen in die Wirtschaft zum Kaffeetrinken oder um etwas zu essen. Es war meine Lieblingswirtschaft, da gab es Bratwurst die war so gut, heute noch, wenn ich an diese Bratwurst denke mit einer leckeren Soße, in die man das Brötchen eintunkte, läuft mir das Wasser im Mund zusammen. Mhm lecker ... lecker. Eine Bratwurst durfte ich jeden Tag essen, aber nur eine, doch manchmal wenn ich großen Hunger hatte, nahm ich mir Geld aus der Kasse und aß zwei. Ich hatte ein schlechtes Gewissen, weil ich mir Geld aus der Kasse genommen hatte, doch der Appetit und der Hunger waren stärker. Niemals nahm ich mir Geld aus der Kasse, um irgendetwas anderes zu kaufen als eine zweite Bratwurst. Wenn ich etwas wollte, fragte ich meinen Vater, es gab kein Nein, ich bekam immer, was ich mir wünschte. Aber viele Wünsche hatte ich nicht, ich war sehr fleißig, und das gefiel meinen Eltern.

Auf dem Großmarkt hatten wir einen mittleren Stand. Mein Vater fuhr das Auto auf den Platz, öffnete den Laderaum, und wir stellten die Ware ganz vorne an den Platz, damit die Käufer, wenn sie vorbeigingen, die Ware sehen konnten, und wenn ihnen etwas gefiel oder sie es kaufen wollten, es sofort mitnehmen konnten. Wenn es regnete, wurden ein bis zwei Marktschirme aufgestellt, damit die Ware nicht nass wurde, und ich stand unter einem Schirm mit zwei Apfelkisten – eine stand längs und die andere stand quer darauf. Darin befand sich eine kleine Tasche, da kam das Geld, das wir einnahmen, hinein. Die Rechnungsbücher lagen oben auf den Apfelkisten, um Rechnungen zu schreiben. Es gab noch keine Maschinen, mit denen man rechnen konnte, wir hatten ja keinen Strom, doch es gab ein großes Buch, das konnte man aufschlagen, um nachzulesen, wie viel 20 mal 20 ist oder andere Zahlen, die man multiplizieren musste. Wenn nicht genug Zeit war, wurde mit dem Kopf gerechnet, darin wurde ich so gut, dass ich heute – sechzig Jahre später – keine Probleme habe, ganz schnell im Kopf etwas auszurechnen.

Im Winter war es ganz schlimm, denn wir hatten keine Heizung. Dann blieb die Ware auf dem LKW, war warm eingepackt und wurde vom LKW runter verkauft. Wir hatten nicht so viel zu verkaufen – nur Feldsalat und Rosenkohl, alles deutsche Ware, und saure Bohnen, die wir im Sommer eingemacht haben. Aber wir standen im Freien, es war saukalt, wirklich kalt. Es schneite, und mein Vater legte den einen Schirm quer und stand darunter, fror und zitterte wie Espenlaub. Es war so kalt, und ich fror ganz fürchterlich. Der Nachbar hatte eine alte Tonne, in die kamen Holzscheite, wurden angezündet, und wir hatten ein kleines Lagerfeuer in der Tonne. Wenn keine Leute zum Einkaufen kamen, durfte ich mich am Feuer wärmen, doch ich stand nicht mehr unter dem Schirm, ich stand im Freien. An diesem Tag war es besonders schlimm, es schneite und schneite ganz kleine Flocken, und der Schnee drang überall hinein, ich konnte keine

Rechnungen mehr schreiben, es war alles feucht und nass, die Kleider, der Feldsalat, alles ... Doch mein Vater hatte Ausdauer, er wartete auf Kunden, die nicht kamen. Ich hatte keine Lust, im Kalten zu stehen und zu frieren.

»Wenn du nicht mit mir nach Hause fährst, laufe ich die ganze Strecke zu Fuß nach Hause«, erklärte ich meinem Vater. »Entweder du fährst mit mir, oder ich gehe alleine.« Schließlich gab mein Vater nach und fuhr mit mir nach Hause.

Es war alles so primitiv, die Winter waren damals kälter und zehn bis zwanzig Grad minus waren normal. Auch der Schnee blieb ein paar Wochen liegen, und wir hatten nicht viel zu verkaufen, aber wir hatten ein paar Äcker, auf die pflanzten wir Lauch und Petersilie. Die Petersilie wurde mit Matten abgedeckt, und wenn es nicht ganz so kalt war, wurden die Matten aufgedeckt, ganz schnell schnitten wir die Petersilie ab und legten sie innen ins warme Auto. Die Erde um den Lauch war gefroren. Mein Vater nahm ein Eispickel und schlug die Erde um den Lauch herum auf, nahm ihn vorsichtig heraus und legte ihn auf große Haufen. Man musste ihn ganz vorsichtig anfassen, denn er war ja noch gefroren, und zu Hause wurde er wieder hingelegt, ganz langsam taute er auf. Man konnte ihn anlangen und schneiden. Wir machten daraus Suppengrün. Lauch, Petersilie, ein Stück Sellerie und ein Stück Karotte – mit einem Bindfaden wurde alles zusammengeschnürt und fertig war das Suppengrün. Das war unsere Winterarbeit. Im Sommer kamen andere Arbeiten hinzu. So ging es über viele Jahre, doch es scheiterte am Preis. Wir bekamen für ein Suppengrün 10 Pfennig. Wir wollten 12 Pfennig und bekamen es nicht. Die Konkurrenz blieb beim alten Preis, und die Leute zahlten uns nicht mehr. Dann hörten wir auf, es rentierte sich nicht mehr. Es war harte Arbeit damals, doch etwas Gutes hatte es für mich – ich lernte Autofahren, denn bei der Arbeit mit dem Lauch wollte mein Vater nicht immer ins Auto ein- und aussteigen. Wir hatten einen kleinen Anhänger an dem Auto, und ich durfte mich ans Steuer setzen und mit dem Auto immer ungefähr fünf Meter vorfahren. Die ersten paar Male schrie mein Vater, lass das Auto nicht so hüpfen, bleib auf der Kupplung, bremse, mein Auto, mein Auto ... Doch ich habe sehr schnell gelernt, denn Autofahren ist meine große Leidenschaft. 1979 habe ich den Führerschein gemacht, mit dem ich bis vierzig Tonnen Gesamtgewicht fahren konnte.

Autofahren war kein Problem für mich, bei meinem ersten Führerschein, den ich 1961 mit achtzehn Jahren machte, hatte ich ganze acht Fahrstunden. Der Fahrlehrer sagte immer, fahr nicht so schnell, ich weiß, du kannst fahren, aber fünfzig sind fünfzig und keine sechzig, merk dir das in deinem Leben, sonst ist der Lappen gleich wieder weg. Das habe ich mir gut gemerkt. Als wir theoretischen Unterricht hatten, lernte ich einen älteren Mann kennen, der mit mir die Prüfung machte, er war sehr gut. Das gefiel mir, also lernte ich auch zu Hause, doch der Mann hatte immer alle Fragen richtig. Wir hatten kleine Tafeln, die man hochhielt, wenn wir mit der Seite fertig waren; er saß schräg vor mir, und ich konnte in seine Tafel schauen und alle beantworteten Fragen erkennen. Eines Abends fragte ich ihn, ob er sich bei der Prüfung so setzen würde, dass ich wie jetzt alles lesen könnte. Er sagte ja, und ich versprach ihm fünf D-Mark. Er sagte zu, doch ich lernte vorsichtshalber zu Hause, falls es nicht klappen würde. Doch es ging alles wie besprochen in Ordnung, der Mann bekam sein Geld. Und ich hatte alles richtig. Fahren konnte ich, da hatte ich keine Angst, der Führerschein war in meiner Tasche.

Bei meinem zweiten Führerschein habe ich viel gelernt, und das Fahren war wieder kein Problem, denn wir hatten einen siebeneinhalb Tonner, mit dem fuhr ich jeden Tag. Bereits einen Tag nach dem ersten Führerschein mit achtzehn Jahren durfte ich ihn schon fahren. Vier Doppelstunden, mehr brauchte ich nicht, um meine Prüfung zu machen.

Auch den zweiten Führerschein bestand ich sofort. Für mich war das eine Genugtuung, denn einer meiner Konkurrenten, der immer sagte, er sei der Erste und der Beste, fiel durch. Schadenfreude ist auch eine Freude, und manchmal muss man den Männern zeigen, dass wir Frauen doch besser sind als sie. Vor zehn Jahren wäre ich noch mit jedem Rennfahrer um die Wette gefahren, doch heute ... Ich bin älter und ruhiger geworden und froh, wenn ich noch Auto fahren kann und nicht laufen muss.

Doch zurück zu der Zeit, als wir noch auf diesem Platz standen mit der berittenen Polizei ... Es war das Jahr 1957, und ich wollte einen Beruf erlernen. Eine Cousine meines Vaters, die in der Stadt wohnte, ging mit mir zur Handelskammer, und ich wurde in die Lehrlingsrolle eingetragen, durfte bei meinem Vater eine Lehre machen. Zweimal in der Woche durfte ich die Berufsschule besuchen; im Winter war das nicht so schlimm, wir hatten einmal in der Woche nachmittags und einmal samstags Unterricht, und im Winter brauchte ich nicht mit zum Großmarkt. Aber im Sommer ... Da die Schule nicht in der gleichen Stadt war wie der Großmarkt, musste ich erst mit zum Großmarkt und von da aus mit dem Zug zur Schule fahren. Zehn Minuten nach sieben fuhr der Zug los, und ich musste sieben Minuten rennen, damit ich den Zug noch rechtzeitig erreichte. Ich erwischte den Zug immer auf den letzten Drücker, und doch kam ich immer fünf Minuten zu spät zur Schule. Einen Zug früher konnte ich nicht nehmen, weil wir so viel Arbeit hatten und ich meinen Vater nicht allein lassen konnte, also kam ich immer samstags fünf Minuten zu spät, und das jeden Samstag im Sommer. Meinem Klassenlehrer wurde das bald zu viel, und er war nicht sehr erfreut darüber, dass ich immer zu spät kam. Irgendwann platzte ihm der Kragen, und ich musste nachsitzen. An einem Mittwoch oder Donnerstag musste ich eine Stunde in seine Klasse in den Französischunterricht, dabei habe ich gelernt, wie Brot heißt: *pain*. Als wir Jahre später nach Spanien fuhren, durch Frankreich, wollten wir Brot kaufen, und ich wusste noch das französische Wort für Brot. Da hat sich das Nachsitzen doch gelohnt.

Meinem Klassenlehrer Herr Müller konnte ich nicht sagen, ich stehe nicht zu spät auf, wie sie glauben, ich muss doch vor der Schule arbeiten, ich muss mit auf den Großmarkt, meinen Vater kann ich nicht alleine lassen, er kann diese viele Arbeit nicht alleine machen, ich muss ihm helfen. Er hätte es nicht verstanden. Und ich wurde meine Angst nicht los, wenn ich ihm die Wahrheit sage, dass er meinen Vater wegen Kinderarbeit anzeigt, dann hätten wir erst recht Ärger gehabt, also war ich ruhig, hielt den Mund und nahm alles auf meine Schultern.

Herr Müller war kein schlechter Lehrer, er war besonnen und ruhig, versuchte, uns alles beizubringen, was wir wissen mussten. Ich ging gerne zu ihm in die Schule. Er gab fast immer die richtigen Noten. Doch an einen Vorfall kann ich mich erinnern, da hatte er Unrecht. Wir mussten damals einen Aufsatz schreiben zu der Fragestellung, wie stelle ich mir ein vereintes Europa vor.

Ich hatte einen sehr guten Gedanken: Ich stellte mir ein vereintes Europa ohne Grenzkontrolle vor, ohne Zöllner; alle Autofahrer können ohne Grenzkontrolle durchfahren in ein anderes Land, im Zug genauso. In ganz Europa kann man mit dem gleichen Geld bezahlen. Und es sprechen alle eine Sprache.

Mit der Sprache irrte ich mich, doch immerhin kann man in Italien, Spanien, Frankreich und in allen Ländern Europas sowie auf der ganzen Welt Englisch sprechen. Es ist zwar keine europäische Sprache, sondern nur eine Weltsprache, aber ganz Unrecht hatte ich nicht.

Das war meine Meinung. Herr Müller hatte aber eine andere, man muss verstehen, als ich den Aufsatz geschrieben hatte, hatten wir das Jahr 1958. Ich war damals 15 Jahre alt, und Herr Müller wollte und konnte sich so etwas nicht vorstellen. Ein vereintes Europa nach meinem Geschmack konnte und durfte es so nicht geben, und was war das Ende vom Lied, als wir die Aufsätze zurückbekommen haben? Themaverfehlung, eine glatte sechs …

Heute würde ich sagen, Herr Müller kommen Sie bitte wieder zurück, lesen sie meinen Aufsatz, und dann möchte ich bitte eine eins. So kann man sich im Leben täuschen, zwanzig Jahre später und die Welt sieht ganz anders aus.

Bei der Buchhaltung hatte ich so meine Probleme mit Soll und Haben. Wir hatten das erste halbe Jahr Buchhaltung, ich war gerade mal vierzehn Jahre alt und hatte mir das leichter vorgestellt. Wir schrieben die erste Arbeit, bekamen sie zurück, und ich hatte eine glatte sechs. Damit hatte ich nicht gerechnet, mir war ganz komisch zu Mute. Die ersten Gedanken waren, du brauchst Nachhilfe, allein schaffst du das nicht. Meine Eltern konnten mir auch nicht helfen, unsere ganze Buchhaltung kam zum Steuerberater, meine Eltern verstanden auch nichts von Soll auf der einen Seite und Haben auf der anderen Seite, und am Schluss muss alles gleich sein.

Ja ich hatte ernste Probleme. Überall fragte ich, ob mir jemand Nachhilfe geben könnte, und ich fand Hans. Er kam einmal in der Woche zu mir nach Hause und erklärte mir, wie es ging. Als der zweite Test anstand, ging ich mit Zuversicht in die Schule, was schrieb ich – wieder eine sechs. Ich konnte es nicht fassen, ich hatte so viel gelernt, und doch war es verkehrt. Das ging nicht. Also lernen, lernen, lernen, bis alles verstanden ist, jeden zweiten Tag kam Hans zu mir nach Hause, ich lernte und lernte, ich muss eine gute Note haben. Dann kam der dritte Test. Herr Müller nahm ihn mit nach Hause, um sie zu korrigieren.

Am nächsten Schultag kam Herr Müller ins Klassenzimmer und rief: »Maria, bitte zur Tafel!« Mein Herz blieb für einen Moment stehen, o Gott was kommt jetzt ... Er gab mir die Arbeit zurück und sagte, er hätte heute eine wundervolle Nachricht: »Die Maria hat heute eine eins geschrieben.« Vor lauter Freude wäre ich ihm am liebsten um den Hals gefallen, und von diesem Zeitpunkt an hatte es bei mir klick gemacht, und Buchhaltung war für mich kein Thema mehr. Die Buchhaltung kam jedes Jahr weiter zum Steuerberater, doch ich wusste immer schon vor Abgabe beim Steuerberater, was ich nachzahlen oder wie viel Guthaben ich beim Finanzamt habe. Es ist wie beim Radfahren – einmal richtig gelernt, und du kannst es ein ganzes Leben.

Sonst blieb alles beim Alten, wir hatten im letzten Jahr samstags keine Schule mehr und stattdessen zweimal nachmittags unter der Woche. Ich kam nicht zu spät, der Lehrer war zufrieden. Er sagte zu mir: »Siehst du, es geht doch auch so, du nimmst einen Zug früher, und es ist Ruhe.«

Die drei Jahre Schule gingen so schnell vorbei, nun stand die schriftliche Prüfung an. Ich hatte große Angst, doch meine Großmutter sagte immer: Die Suppe wird nie so heiß gegessen wie sie gekocht wird, bleibe ganz ruhig ... Ja, ich wurde ruhig, dachte an die Worte meiner Großmutter, nahm alles so, wie es wahr. Doch als Betriebswirtschaftslehre auf dem Plan stand, nahm ich vorsichtshalber das Lehrbuch mit, in einer nicht so großen Tasche, und ich hatte mal wieder Glück. Ein Prüfungslehrer kam in die Klasse, sah mich an und sagte zu mir: »Setzen sie sich bitte in die erste Reihe, vor meinen Platz.« Ich dachte, ooooooooooh, jetzt hast du dein Buch umsonst mitgenommen, was machst du, wenn Fragen drankommen, die du nicht richtig gelernt hast, es waren ja drei Jahre, die geprüft wurden. Ruhe, Maria, denk an deine Großmutter ... Voll Anspannung nahm ich Platz und wartete. Der Lehrer ging durch die Reihen, gab jedem Schüler und jeder Schülerin einen Prüfungsbogen mit den Aufgaben, kam wieder zurück und setzte sich auf seinen Platz. Er schaute uns an, stand auf und sagte: »Heute machen wir es einmal anders ... Immer wenn Prüfung ist, sitzt der Lehrer vorne, ich mache das heute anders, ich setze mich in die letzte Bank.« Plötzlich und unerwartet ging er in die letzte Bank. Oh Mann, bin ich nicht ein Glückspilz, schnell holte ich mein Buch heraus und legte es unter meine Tasche. Die Aufgaben, bei denen ich nicht so sicher war, wurden zuerst erledigt, immer nach dem Prüfer schauend, doch es ging gut. Erst nach einer Weile setzte er sich wieder vorne auf seinen Platz, da waren alle Fragen, die ich nicht so genau wusste, schon nachgeschaut und beantwortet. Ach, was ging es mir gut. Geschafft.

Bei der mündlichen Prüfung hatte ich es noch besser. Wir mussten zur Handelskammer, wo die Prüfung abgehalten wurde. In meiner Klasse war ich die einzige, die mit Obst und Gemüse zu tun hatte. Die anderen Schüler waren Großhandelskaufleute und Auszubildende in einer Bank. Wir alle waren in einer Klasse vereint. Damals war alles noch etwas anders. Mein Name wurde aufgerufen, ich trat ein. Vier oder fünf Prüfer saßen hinter einem Tisch und schauten mich neugierig an. Einer der Prüfer fragte mich, was ich so in meinem Berufsleben mache, er hätte nicht so viel Ahnung von Obst und Gemüse. Super. Ich legte los, erzählte von Einkauf, Lagerung, Verkauf und Handelsbestimmungen. Ich redete eine halbe Stunde, und sie hörten mir alle zu, denn reden konnte ich, verkaufen auch, das waren meine Stärken. Dann kam ich zum Abschluss, und mein Gefühl sagte mir, du hast es richtig gemacht. Und tatsächlich, ich hatte alles richtig gemacht. Mit sechzehn Jahren war ich Kauffrau, im Mai wurde ich erst siebzehn.

Ganz stolz sagte ich zu mir, du kannst doch etwas, gib nie auf, sei fleißig, ehrlich, lass die Leute reden und mache immer das, was du willst und nicht, was die Leute von dir erwarten. Daran habe ich mich gehalten, aber im Leben kommt es oft anders, das weiß man mit sechzehn Jahren noch nicht.

Am 31. März 1960 erhielt ich mit 16 Jahren den Kaufmannsgehilfenbrief, am 22. Mai wurde ich 17 Jahre alt. Nachdem ich die Prüfung als Kauffrau bestanden hatte, ging das Leben natürlich weiter. Morgens Großmarkt, dann wieder neue Ware einkaufen, und da wir Ackergelände hatten, war auch die Feldarbeit zu erledigen. Das war für mich ein Graus, Unkraut jäten ... oh, da hab ich mich gedrückt, wo es ging, nur wenn man noch keinen Führerschein hat, muss man halt mit den Eltern aufs Feld. Ich war immer wieder gezwungen, oh, wie ich das hasste, es blieb mir aber nichts anderes übrig.

Meine Großmutter sagte immer zu mir: »Kind, es gibt die richtigen Worte im Leben, nach denen kannst du dich richten: Ich will Ich kann und ich muss.«

Wie oft habe ich an diese Worte gedacht und wie oft in meinem Leben habe ich sie vor mich hergesagt und dabei an meine Großmutter gedacht.

Ich liebte meine Großmutter. Wenn ich fragen hatte, bin ich nicht zu meiner Mutter gegangen, nein, ich bin zu meiner Großmutter gegangen, sie gab mir immer gute Ratschläge, die mir später noch nützen sollten, als sie schon gestorben war. Als ich meinen Obst- und Gemüsegroßhandel alleine führte und wieder mal zu viel Ware eingekauft hatte und nicht wusste, wem ich sie verkaufen sollte, kein Käufer anrief, legte ich mich abends ins Bett, sprach mit meiner Großmutter in Gedanken und sagte ihr: »Großmutter du musst mir helfen, ich habe für morgen zu viel eingekauft, schick mir bitte die richtigen Käufer, und meine Großmutter half mir weiter. Sie half mir immer, ich ging voll Vertrauen ins Bett und schlief sofort ein, ohne Sorgen, denn ich hatte ja meine Großmutter.

Es gibt in einem langen Leben auch schöne Tage, nicht nur Sorgen, Arbeit, Angst und Verzweiflung. Es gibt Vergnügen, Freude, Spaß, Lebenslust und Neugierde auf alles, was auf einen zukommt.

Einmal sind meine Eltern über das Wochenende nach Bayern gefahren. Die Großmutter blieb, und meine Schwester, die beiden konnten ja auf mich aufpassen. Doch ich hatte was anderes vor ... Meine Cousine Rita putzte jeden Samstag die Wohnung meiner Großmutter, und sie erzählte mir, sie gehe heute Abend auf den Coca-Cola-Ball. Ich wollte unbedingt mit. Wir berieten, was wir machen könnten, damit es klappte. Sie sagte: »Du schläfst bei mir zu Hause, und keiner merkt, dass wir tanzen gehen, nur meine Mutter, aber die verrät uns nicht. Ganz unschuldig sagten wir meiner Großmutter und Schwester, dass ich bei meiner Tante schlafen würde, und sie hatten nichts dagegen. Mein schönstes Kleid suchte ich aus, es war das Kleid, das ich bei der Hochzeit einer anderen Cousine getragen hatte. Es war wunderschön, gerade richtig für den Coca-Cola-Ball. Nur eine Sorge hatte meine Cousine, ich konnte ja nicht tanzen! Meine Cousine war sechzehn Jahre alt und absolvierte einen Tanzkurs, und ich war vierzehn, ich durfte erst mit sechzehn Jahren einen Tanzkurs machen.

»Keine Sorge das klappt«, sagte ich, »wenn die Musik anfängt, sagst du mir, was für Schritte ich machen muss.«

An diesen Abend werde ich mich immer erinnern. Mein Kleid war rosa, und ich trug etwas höhere Schuhe in schwarz. Meine Frisur passte, meine Augen glänzten, und voll Erwartung wartete ich, bis die Musik anfing zu spielen. Als es so weit war, kam nicht ein junger Mann an meinen Tisch, nein, es waren gleich drei oder vier, die da standen und mit mir tanzen wollten. »Oh mein Gott, Rita, was muss ich jetzt tun?« Dem ersten, der an den Tisch kam, sagte ich zu und ging mit ihm zur Tanzfläche.

Heute muss ich noch ganz laut lachen, wenn ich daran denke, wie ich mich angestellt habe. Ein junger Mann sagte zu mir: »Auch wenn du nicht tanzen kannst, wenn ich darf, werde ich dich noch einmal holen. Erfreut sagte ich zu, und er kam noch einmal. Nur einer war böse mit mir, doch das machte mir nichts aus.

Der Abend war ein voller Erfolg, ich war selig tanzen, das war etwas Neues und so schön. Einer nur hatte mich bei meinen Eltern verpetzt, und die Strafe kam dann wie erwartet. Zwei Jahre durfte ich nicht aus dem Haus, kein Tanzen, erst mit sechzehn den Tanzkurs, und dann Tanzen, so wollten es meine Eltern. In meinem Heimatort gab es eine Volkstanzgruppe, die war sehr angesehen, da durfte ich hingehen. Die Volkstanzgruppe interessierte mich nicht so sehr, doch ich durfte aus dem Haus, also ging ich hin und manchmal auch nicht. Wir hatten ein paar Jungs vom Nachbarort kennengelernt, mit denen wir uns heimlich trafen und schmusten und lachten. Wir machten Blödsinn unter einem großen Baum weit weg vom Ort, damit uns niemand verraten konnte. Allein waren wir nicht, es waren immer zwei oder drei Freundinnen dabei. Es war aufregend und sehr schön.

Heute sagt man, früher war alles besser, aber das stimmt nicht. Es war anders. Im Ort gab es ein Kino, sonst nichts, und wir durften nicht in jeden Film gehen. Für die Älteren gab es Wirtschaften und sonntags ging die Familie ab und zu zum Essen. Viele junge Leute gingen in den Wald, auch ältere. Wenn man einen Freund hatte, konnte man Händchen haltend im Wald spazieren gehen. Überall waren große Ohren und viele Augen, die alles hörten und sahen. Alles wurde gleich den Eltern erzählt. Es gab kein Handy und noch kein Fernsehen. Als das Fernsehen kam, hatten es erst die Wirtschaften, dann ging es schnell, auch jeder Haushalt hatte bald einen Fernseher – schwarz-weiß, noch keine Farbe, doch die Welt kam in die Wohnzimmer. Wieder etwas Neues, wunderbar diese neue Welt.

Mit sechzehn durfte ich einen Tanzkurs belegen. Ich hatte bereits meine Ausbildung zur Kauffrau abgeschlossen, doch alleine ausgehen war nicht drin, nur an Kirchweih erlaubten mir meine Eltern, mit meinen Freundinnen tanzen zu gehen, aber um zehn Uhr musste ich zu Hause sein.

Ich bettelte: »Lasst mich doch etwas länger weg-bleiben, alle dürfen bis zwölf Uhr bleiben, es fängt doch erst um acht Uhr an!« Sie blieben hart, um zehn Uhr musste ich zu Hause sein.

Wer nicht um zehn Uhr zu Hause war, war die Maria. Es war so ein schöner Abend, die Jungen hatten Augen nur für mich, ich war so stolz und blieb bis kurz vor elf Uhr. Den Weg vom Lokal rannte ich so schnell ich konnte nach Hause. Als ich um die Ecke von unserer Straße einbog, sah ich schon ihren Kopf, wie er aus dem Fenster hing, um nach mir Ausschau zu halten. Meine Mutter. Sie schrie mit mir, morgen Abend gäb's kein Tanzen mehr. Es war Samstagabend, für den Sonntag war das Tanzen gestrichen. Sie blieb hart, es gab kein Tanzen.

Alle, die an meiner Erziehung mitwirkten, hatten eines gemeinsam: Sie schlugen mich, und sie machten mich hart fürs Leben. Doch meine Gefühle für Liebe und Zärtlichkeit konnte mir niemand nehmen, und bis jetzt habe ich das Mitgefühl für mich und andere Menschen nicht verloren.

Auf dem Großmarkt gab es viele junge Männer. Einer davon war Reinhold, er gefiel mir sehr. Er hatte so wunderschöne dunkle braune Augen, ich verliebte mich in ihn. Sein Vater war Spanier, und seine Mutter war Deutsche. Mit seinem Vater verstand ich mich sehr gut, er war eine Seele von Mensch. Reinhold war nicht immer da, er war beim Bund. Ich fragte, wann er wieder nach Hause käme, und freute mich, wenn ich ihn sah.

Mit achtzehn durfte ich meinen Führerschein machen, und am nächsten Tag kam der Vater von Reinhold und fragte meinen Vater, ob er ihm die Ware, die er einkauft hatte, nach Hause fahren könne. Mein Vater sagte: »Frag Maria, sie hat seit gestern den Führerschein gemacht.« Das war die erste Fahrt, die ich mit dem LKW in die Nachbarstadt machte. Heute wäre es nicht so leicht bei diesem dichten Verkehr, aber damals ging es gut. Jeden Tag fuhr ich ab diesem Tag den LKW. Und ich hatte nie einen Unfall. Heute fahre ich keinen LKW mehr nur einen PKW.

Reinhold kam bald wieder nach Hause, ich sah ihn auf dem Großmarkt und freute mich sehr, als er an unseren Stand kam und fragte, wie es mir ging und ob ich einmal mit ihm ausgehen möchte. Mein Herz hüpfte vor Freude, ich sagte sofort ja. Wir machten eine Zeit aus, er würde mich um sieben Uhr am Bahnhof abholen. Zu der vereinbarten Zeit stand ich am Bahnhof und wartete, stand und stand. Niemand kam. Nach einer Stunde ging ich nach Hause. Ich schämte mich, doch ich sagte meinen Eltern kein Wort. Ganz behutsam schlich ich mich in mein Schlafzimmer, ganz leise, damit niemand wusste, dass ich schon wieder zu Hause war. Eine halbe Stunde später kam Reinhold und suchte mich. Meine Eltern sagten ihm, ich wäre doch bei ihm. Schnell rief ich: »Ich bin doch «, und so hatte der Abend noch einen guten Ausgang. Es war ein schöner Abend, wir waren tanzen, und Reinhold tanzte wunderbar. Meine Gedanken kreisten nur um Reinhold, er war meine erste Liebe, kein anderer Mann war so wie er, die erste Liebe in meinem Leben. Er war zärtlich und konnte wunderbare Geschichten erzählen. Alles, was er sagte, glaubte ich ihm, und doch war vieles nicht wahr. Doch wenn man eine rosarote Brille auf hat, sieht man nur rosarot und nicht die Realität.

Nach dieser ersten Verabredung mit Reinhold wollte ich Zeit mit ihm verbringen, doch er war sehr sparsam mit seiner Zeit. Er erzählte mir immer, er müsse so viel arbeiten und er werde vier Wochen nach Kassel zur Bundeswehr gehen auf einen Lehrgang, damit er zum Stabsfeldwebel befördert würde. Er ging nach Kassel, und als er zurückkam, fragte er mich, ob ich nicht mit ihm tanzen gehen würde. Sofort sagte ich ja, ich hatte so sehr darauf gewartet, dass er mich fragt. Der Abend war auch sehr schön, und zum Abschied gab er mir einen Kuss. Ich war selig, da wir auch die nächsten Wochenenden zusammen verbracht haben. Wir gingen immer aus, meistens zu Tanzen. Und tanzen konnte Reinhold, er nahm mich in seine Arme und führte mich, das war so schön, dass es nie aufhören sollte. Ich war überglücklich und war der Meinung, wir sind beide verliebt, doch wenn ich heute nachdenke, war ich es, die ihn liebte. Später habe ich erfahren, dass er eine Verlobte in Kassel hatte, seine Eltern jedoch gegen die Verbindung waren. Doch er ging zurück nach Kassel und wäre auch dort geblieben, wenn seine Mutter sich nicht den Arm gebrochen hätte und er deshalb nach Hause zurück musste. Nach seiner

Rückkehr wollte er seinen Kummer in Alkohol ertränken und fing dann an zu trinken. Doch von all dem wusste ich damals noch nichts, er erzählte es mir nicht, ich hatte keine Ahnung.

Heute verstehe ich ihn sogar und weiß, warum er mir das alles angetan hat, ich war nicht seine große Liebe, für ihn war ich nur eine Notlösung, eine Frau, die im Geschäft arbeitet, die seine Eltern unterstützt und ihm den Rücken freihält. Doch für mich war er der erste Mann, und da er so schöne Märchen erzählen konnte, glaubte ich ihm jedes Wort. Wir fanden zueinander, er half meinem Vater und mir, wenn wir viel Arbeit auf dem Großmarkt hatten. Sein Vater stellte sein Auto immer vor unseren Stand, damit Reinhold uns helfen konnte, er kaufte ein, und Reinhold belud das Auto mit Obst und Gemüse. Ich lernte seine Mutter kennen, und ab und zu nachmittags, wenn bei ihnen im Geschäft eine Verkäuferin fehlte, rief er mich an, ob ich nicht aushelfen könnte. Erfreut sagte ich ja, denn morgens war ihm auch keine Arbeit zu viel, um uns zu helfen. Wir kannten uns zwei Jahre und dachten an eine Verlobung. Seine Eltern besuchten meine Eltern, und beide waren mit der Verlobung einverstanden. Es dauerte nicht mehr lange, dann planten wir die Hochzeit. Die zukünftigen Schwiegereltern wollten das Geschäft zur Hochzeitsfeier nicht schließen, also wurde freitagsnachmittags standesamtlich geheiratet. Reinhold kam mit einem Freund als Trauzeuge, der andere Trauzeuge war mein Vater.

Wir gingen ins Rathaus. Der Bürgermeister, der die Trauung vollzog, sprach so monoton, dass ich an meine Schulzeit denken und unweigerlich lachen musste. Mein Vater schaute mich ganz böse an, und nach der Trauung sagte er zu mir: »Du bist eine blöde Kuh, wie kannst du bei deiner Hochzeit lachen.«

Nach der Trauung gingen wir zu uns nach Hause, und jeder trank ein Glas Sekt. Ich fragte Reinhold, ob sie nicht dableiben wollten, meine Mutter hatte ein Essen zubereitet, und wir könnten es uns gemütlich machen. Doch Reinhold verneinte: »Heute ist Freitag, wir haben sehr viel Arbeit, ich muss nach Hause.« Also gingen er und sein Freund weg. Am späten Abend rief sein Vater an, er wolle Reinhold noch ein paar Sachen wegen Sonntag fragen, doch er kam die ganze Nacht nicht nach Hause zu seinen Eltern und bei mir war er auch nicht.

Meine Eltern waren entsetzt, und ich war ratlos. Am Samstag backte ich mit meiner Mutter Kuchen, der für unsere Hochzeit bestimmt war. An einem Sonntagsmorgen – am 26. Mai 1963 – war die kirchliche Trauung in einer kleinen Kirche, danach gingen wir in ein Lokal, wo unsere Hochzeit gefeiert wurde. Der Tag war sehr lustig, ich konnte nicht sitzen bleiben, ich lief hin und her und sprach mit unseren Gästen. Ein Windstoß kam, hob meinen Schleier in die Höhe, ich blieb an der Türe hängen, worauf der Schleier inmitten durchriss. Alle sagten, wenn ein Schleier bei der Hochzeit zerreißt, wird die Hochzeit in die Brüche gehen. Ich winkte ab: »Ihr mit euren Ammenmärchen, das stimmt doch alles nicht. Das sind alles nur Sprüche von gestern ...«

Wie oft in meinem Leben habe ich an diesen Tag gedacht. Stimmt es doch, was die Leute früher erzählten, oder war mein Leben nur eine Verkettung besonderer Umstände?

Der Tag ging vorbei, die letzten Gäste verabschiedeten sich. Bei einem der Gäste sprang das Auto nicht an, und er suchte jemanden, der ihn nach Hause fahren sollte. Reinhold sagte sofort zu.

»Reinhold, es ist doch unsere Hochzeitsnacht«, wandte ich ein, »bitte bleib bei mir, ein anderer soll ihn fahren.«

Es gelang mir nur mit Mühe, ihn davon abzuhalten, diesen Mann nach Hause zu fahren, doch schließlich half ein anderer aus.

So fing unser gemeinsames Leben an. Es bestand vor allem aus Arbeit. Wir gingen noch zum Tanzen, aber immer seltener. Schon bald wurde unsere Tochter geboren. Da ich Angst hatte vor der Geburt, entschied ich mich für Lachgas. Es gab keine Probleme. Um sechs Uhr fuhr mich meine Schwester ins Krankenhaus, und um halb zwölf kam meine kleine Tochter zur Welt. Die Geburt habe ich nicht richtig mitbekommen, und damals schon nahm ich mir vor, falls ich noch ein Baby bekommen sollte, kein Lachgas in Anspruch zu nehmen. Ich wollte bei der Geburt dabei sein, mit Schmerzen.

Meine Eltern kamen sofort, wollten mich und unsere Tochter sehen. Das erste, was ich brauchte, als ich in mein Zimmer kam, war etwas zu essen, ich hatte solchen Hunger. Die Schwester lachte und sagte, nach dieser Anstrengung gäbe es eine extra Portion.

Mein Vater schaute sich die Babys an und erklärte meiner Mutter, da hinten lägen Babys, die viel schöner seien.

»Die Babys sind ja auch älter als unsere Kleine«, antwortete meine Mutter, »morgen sieht sie wie die anderen Babys aus, viel schöner.«

Wann mein Mann gekommen ist, weiß ich heute nicht mehr, aber er war da und hat nach uns geschaut. Heute gehen viele Männer mit in den Kreissaal, um bei der Geburt ihres Kindes dabei zu sein, doch früher war das nicht üblich, da blieben die Männer draußen.

Nach der Geburt unserer Tochter meinte meine Mutter, ich sollte mit meinem Vater auf den Großmarkt gehen, sie werde nach der Kleinen schauen.

Meine Mutter ging nicht gern zum Großmarkt, sie blieb lieber zu Hause und gab auf unsre Tochter Acht. Sie schlief im Schlafzimmer neben dem Bett meiner Mutter, denn mein Vater schnarchte so sehr, er musste im Gästezimmer schlafen.

Meine Eltern hatten uns Geld gegeben für die Wohnungseinrichtung, wir hatten ein Schlafzimmer, eine Küche ohne Fenster, eine kleine Dusche mit Toilette und ein großes Wohn- und Esszimmer. Abends wartete ich immer auf meinen Mann, kochte für ihn, deckte den Tisch mit Blumen und Kerzen und versuchte, alles wohnlich zu machen. Doch er kam nie zu einer bestimmten Zeit, er kam, wann er wollte. Das Essen stand zum Aufwärmen auf dem Herd, und ich schlief oftmals ein, denn um kurz nach drei Uhr war für mich die Nacht vorbei, und auch für ihn war der Tag lang.

Reinhold wurde immer unzufriedener, und ich sagte: »Komm doch etwas früher nach Hause«, doch er meinte, eine Verkäuferin hätte gekündigt, sie hätten so viel Arbeit, er könne nicht früher kommen. Es wäre an der Zeit, nachmittags im Geschäft auszuhelfen und dort die Kunden zu bedienen. Reinhold wusste allerdings nicht, dass ich mir bei einem Gärtner zehn Ar Petersilie gekauft hatte, um davon Petersiliensträußchen zu machen; die durfte ich auf dem Großmarkt verkaufen, und das Geld durfte ich behalten, ich brauchte meinen Eltern nichts abzugeben. Von dem Geld habe ich mir zwei neue Herde gekauft, und ich war ganz stolz. Nun hatte ich also noch mehr Arbeit, ich stand morgens um drei Uhr auf, ging mit meinem Vater zum Großmarkt, danach fuhr ich schnell nach Hause und band Petersilie, damit ich um zwei Uhr bei meinem Mann im Ladengeschäft sein konnte. Um sieben Uhr war Ladenschluss. Meistens kamen noch Kunden, dann schloss meine Schwiegermutter den Laden wieder auf, und wenn um acht Uhr noch jemand klopfte, machte meine Schwiegermutter wieder auf. Das Obst, das schon im Kühlhaus gelagert war, wurde von oben nach unten umgesetzt, damit der Kunde das Obst bekam, das ganz unten stand. Ich wollte nach Hause. Die Heimfahrt dauerte je nach Verkehr ungefähr eine Stunde, ich musste noch kochen und wollte vor meinem Mann zu Hause sein.

Er kam trotzdem, wann er wollte. Glücklich war ich nicht, doch ich liebte meinen Mann und wollte eine gute Ehefrau sein. Meine Mutter betreute unsere Tochter. Sorgen brauchte ich mir keine machen, sie wurde mit viel Liebe großgezogen, ich hatte aber trotzdem Sehnsucht nach ihr, wollte bei ihr sein, doch es ging nicht. Morgens und mittags war sie im Kindergarten, und abends, bis ich nach Hause durfte, schlief sie schon. Auch als sie noch ganz klein war, hatte ich nur am Wochenende Zeit für sie. Samstagsspätnachmittags und sonntags war sie bei mir.

Die Kleine war ungefähr sieben Monate alt, als Pfingsten und damit zwei freie Tage näher rückten. Reinhold schlug vor, auf der Kollerinsel mit unserem VW-Bus zum Campen zu fahren. Er hatte Luftmatratzen in das Auto gelegt, auf denen wir schlafen konnten. Ein Campingtisch mit vier integrierten Stühlen, ein Gaskocher, um essen warm zu machen, und Geschirr aus Plastik – es war nicht komfortabel aber praktisch. Wir waren noch nicht so verwöhnt wie heute, und es gefiel uns, so wie es war. Ich freute mich sehr darauf, frei zu haben, und mit der Familie zusammen zu sein. Am Samstagnachmittag ging es los. Unsere Nachbarn, die ein Friseurgeschäft hatten, gingen auch mit zum Campen und nahmen ihre Friseuse mit, das passte mir gar nicht. Mein Mann schwänzelte immer um dieses Mädchen herum, auch wenn ich im Geschäft war, um zu bedienen. Ich war eifersüchtig.

Wir fanden einen schönen Platz, tranken Kaffee, und Reinhold sagte: »Ich mache heute Abend das Abendessen, kümmere du dich um das Kind.«

Doch plötzlich war er weg, Reinhold war verschwunden. Ich suchte ihn auf dem ganzen Campingplatz. In der Mitte des Platzes war so eine Art Turm, da gab es eine große Eckbank mit Tischen davor. Ich kam erst ganz zuletzt auf die Idee, mal nach oben zu gehen, um zu schauen, ob er vielleicht dort ist. Ich traute meinen Augen nicht. Mein Mann und dieses Mädchen saßen auf der Eckbank und küssten und umarmten sich, sie sahen nicht einmal, dass ich vor ihnen stand und ihnen zuschaute.

»Reinhold«, bettelte ich, »geh bitte mit mir nach unten, bitte komm mit mir.«

»Geh du nach unten, ich komme sofort«, war seine Antwort.

Ich ging nach unten sah, wie sie gleich darauf händchenhaltend die Treppe heruntergingen, um im angrenzenden Wald zu verschwinden. Zwei, drei Stunden später kam er zurück. Ich vollführte einen Affentanz, es gab ein großes Geschrei, und später schämte ich mich vor den anderen, die alles miterlebt hatten. Was sie im Wald gemacht haben, weiß ich nicht, ich war nicht dabei. aber gebetet haben sie bestimmt nicht.

Am nächsten Morgen fuhren wir zurück. Der Kurzurlaub war vorbei, mein Mann war die nächsten zwei Tage verschwunden. Ich war immer auf der Hut, doch es half nichts, Reinhold machte, was er wollte, er kam immer später als ich nach Hause, er ging um die Ecke in ein Kiosk, wo sie immer Bier tranken – es waren noch mehr Männer und Frauen da. Wenn ich sagte, er solle doch ins Geschäft kommen, wir hätten doch noch Arbeit, fielen alle über mich her, was ich für eine Frau wäre, die meinem Mann nicht mal ein Bier gönne. Ich fuhr nach Hause, musste kochen und hatte ja noch ein Kind, das, als es älter wurde, auf mich wartete, bis ich nach Hause kam.

Zur Faschingszeit wurden wir gegenüber im Haus zu einer Party eingeladen. Die Party fand in einer Wohnung statt, es waren viele Gäste da. Zuerst stand ich etwas verloren da, bis sich ein Mann vorstellte und fragte, ob er mit mir tanzen dürfe. Ich hatte nichts dagegen, und wir tanzten, doch er drückte mich immer fester an sich. Das passte mir gar nicht, und nach dem Tanz sagte ich ihm, ich werde jetzt zu meinem Mann gehen. Ich suchte Reinhold und fand ihn tanzend mit einer jungen schwarzhaarigen Frau. Später kam er zu mir, wir unterhielten uns und tanzten auch. Die Stimmung war gut, die Leute waren fröhlich, das war ansteckend, es gefiel mir gut. Ein, zwei Stunden später kam der Mann, mit dem ich getanzt hatte, wieder und fragte ob, ich noch einmal mit ihm tanzen würde. Ich stand gerade allein da und sagte ja. Wir tanzten, und er fing an mir zu erzählen, wie toll ich aussehe, den ganzen Abend würde er nur nach mir Ausschau halten, ich würde ihn ganz verrückt machen, und er hätte einen Schlüssel zu einer Wohnung im Haus, ich solle doch mit ihm in diese Wohnung gehen. Ich hörte sofort auf zu tanzen.

»Was bilden Sie sich überhaupt ein, ich bin verheiratet und liebe meinen Mann. Und stecken Sie sich Ihren Schlüssel dahin, wo sie wollen«, sagte ich mit lauter Stimme. Ich ließ ihn stehen und ging zu meinem Mann. »Bitte gib mir den Schlüssel, damit ich in die Wohnung der Schwiegereltern gehen kann, ich gehe jetzt nach Hause.« Er gab mir den Schlüssel, und im Hinausgehen sagte ich zu ihm: »Du kannst mit mir gehen oder hierbleiben, du allein entscheidest, was du willst.«

Er brummte, doch er ging mit.

Viel später habe ich von anderen erfahren, dass die Schwarzhaarige seine Freundin war und die anderen mich auf die Probe stellen wollten, indem sie mir diesen Mann, den ich abgewiesen habe, geschickt haben. Mein Mann hätte gerne gesagt, ich sei ihm untreu, dann hätte er mich wegschicken können. Doch das alles habe ich ihnen verdorben, ohne selbst zu wissen, dass es eine Falle war.

Ich war mittags im Geschäft, als das Telefon klingelte. Mein Mann rannte sofort hin. Nichts Gutes ahnend, schlich ich mich an die Türe, presste mein Ohr dagegen und lauschte, was er sprach. Ich hörte immer wieder, ja, ich liebe dich, ja, ich liebe dich. Ich hatte genug gehört, es kamen Kunden, die ich bedienen musste. Als der Laden leer war, fragte ich ihn, wer am Telefon gewesen sei, er sagte, nur ein Kunde wegen einer Reklamation.

»Ach«, sprach ich, »ein Kunde ... Sagst du zu jedem Kunden, ich liebe dich? Ich habe jetzt die Schnauze voll, ich werde jetzt sofort meine Schürze ausziehen und nach Hause fahren. Wenn du wieder weißt, wer es wirklich war, kannst du ja nach Hause kommen, ich gehe jetzt.«

Eine Woche war ich nicht im Geschäft, um zu bedienen. Samstags kam er wieder und bat mich, ich solle doch wieder ins Geschäft kommen. Er redete sich heraus, und ich ließ mich überreden und ging wieder ins Geschäft, um zu bedienen. Später erfuhr ich, dass seine Mutter ihn bedrängt hatte, nach Hause zu fahren und mich zu überreden, dass ich wieder ins Geschäft kam.

Reinhold hatte mir einmal gesagt, dass ich nicht stricken kann, und um es ihm zu beweisen, strickte ich am Wochenende mit Anleitung von Freunden einen Pullover für mich. Als er fertig war und ich ihm ihn zeigte, behauptete er, den hätte ich nicht gestrickt. Dann beschwerte er sich, andere Frauen würden sticken, also kaufte ich ein kleines Kissen und bestickte es, aber er glaube mir wieder nicht, dass ich es selbstgemacht hatte.

Was immer ich auch machte, es war alles nichts.

Was wollte ich beweisen? Ich weiß es nicht, ich hätte so gerne eine Familie gehabt, doch Reinhold wollte keine Familie, das wusste ich zu dieser Zeit noch nicht. Ich war naiv, vertrauensselig und alles, was er sagte, glaubte ich. Manchmal kamen Zweifel, doch wenn er mich in den Arm nahm und mich drückte, vergaß ich alles.

Meine Eltern fuhren regelmäßig mit Reinholds Vater nach Saarbrücken. Das Saarland war zu dieser Zeit noch unter französischer Verwaltung, es gehörte noch zu Frankreich. In Saarbrücken waren die Spirituosen viel billiger als in Deutschland. Meine Eltern machten Großeinkauf, kauften zwei, drei Kisten Cognac, Schnaps, Sekt und Wein für fast tausend D-Mark. Diese Getränke wurden in den Keller gestellt und ab und zu eine Flasche geholt, wenn Besuch kam oder wenn meine Eltern sich etwas gönnten.

An einem Samstagnachmittag kam Reinhold gegen Abend früher nach Hause. Ich war erstaunt und fragte, wieso er heute so früh sei.

»Ich muss den Keller aufräumen«, sagte er.

»Warum musst du den Keller meiner Eltern aufräumen, die Spirituosen sind doch alle in Kartons?«

»Die Kartons sind leer, und ich werde sie ins Auto laden, um sie mit zur Mülldeponie zu nehmen.«

Als meine Eltern nach Hause kamen, ging die gleiche Unterhaltung noch einmal los. Mein Vater sah die leeren Kartons und fragte Reinhold, wo der Inhalt sei. Mein Vater und Reinhold bekamen einen fürchterlichen Streit, es war die Hölle, und ich dachte, du musst aus diesem Haus, schau ob du einen Bauplatz kaufen kannst, der nicht so teuer ist.

Ich hatte Glück, ein Bauer, der mir Obst brachte, suchte für mich einen Bauplatz und fand einen, ich hätte sogar zwei bekommen, doch ich hatte kein Geld, es reichte nur für einen Platz. Ich bekam ihn günstiger, weil ich nicht einen Cent mehr hatte.

Von Reinhold bekam ich Lohn für meine Arbeit. Bei meinen Eltern brauchte ich keine Miete bezahlen, keine Nebenkosten, keine Heizung, kein Wasser, kein Strom, ich hatte keinerlei Ausgaben, sogar das Toilettenpapier durfte ich von meinen Eltern mit in meine Wohnung nehmen. Auch für meine Tochter hatte ich keinen Geldaufwand, alles, was ich verdiente, konnte ich sparen. Ich sparte auch den Lohn, den ich von meinen Eltern bekam, und das Geld für die Petersiliensträußchen, das Geld kam alles auf ein Sparbuch, jede Mark. Natürlich wollte das Finanzamt wissen, woher das Geld für meinen Bauplatz kam, und es gab eine Prüfung. Doch den Platz hatte ich auf meinen Namen gekauft, das Geld hatte ich alleine verdient, ich wollte nicht, dass Reinhold den Bauplatz wieder verkaufen könnte und all mein Gespartes weggewesen wäre. Das Sparbuch lief unter meinem Namen, und das wurde dem Prüfer vom Finanzamt vorgelegt, damit er sah, woher das Geld für den Bauplatz kam. Doch ich hatte vergessen, die Zinsen anzugeben, die ich für mein gespartes Geld erhalten hatte. Ich war der Meinung, das war mein Geld, es war ja versteuert, und das ging Reinhold nichts an, zumal er von der ganzen Bauerei nichts wissen wollte und mich ganz alleine entscheiden ließ. Unser Steuerberater sprach mit dem Finanzbeamten und erklärte ihm den Sachverhalt, dass das alles meine Schuld war und ich das Sparbuch vor meinem Mann versteckt hatte und er gar nicht wusste, wie viel Geld auf dem Sparbuch war. So kamen wir mit einem blauen Auge davon, und in Zukunft wusste ich auch, dass die Zinsen, die du für dein versteuertes Geld bekommst, auch wieder versteuert werden müssen.

Eines Sonntagmorgens nahm mein Mann unsere Tochter mit und erklärte mir, er werde mit ihr Freunde besuchen. Sie blieben bis spät abends weg, und ich war voller Sorge, dass ihnen nichts passiert war, und wartete den ganzen Nachmittag vergebens auf ihre Rückkehr. Als beide spät abends nach Hause kamen, war ich nicht so freundlich zu ihnen, ja, ich war richtig böse ...

Zu Reinhold sagte ich: »Die ganze Woche sind wir unterwegs, bleibe doch wenigstens am Sonntag bei deiner Familie und gehe mit uns beiden aus!«, doch ich bekam keine Antwort.

Meine Tochter fragte ich heimlich, wo sie gewesen sind, doch sie wusste es nicht, sie war noch zu klein. Sie sagte, sie waren bei einer Familie, und habe mit anderen Kindern gespielt und etwas zu essen bekommen, und Papa saß im Wohnzimmer im Sessel und eine Frau saß auf seinem Schoß, und sie haben sich geküsst.

Ich war außer mir. Doch ich durfte meine Tochter nicht verraten, ich hatte es ihr versprochen. Als ich in noch einmal fragte, wo sie denn so lange gewesen sind, sagte er nur, er kenne bei Edesheim schon lange eine Familie, und die wollte er ab und zu besuchen. Ich hielt meinen Mund, doch innerlich war ich zerrissen. Ich liebte doch meinen Mann, was tat er mir an? Das ganze Büro habe ich auf den Kopf gestellt, bis ich die Adresse in Edesheim gefunden habe.

Es war wieder einmal Sonntag, es war Winter draußen und fürchterlich kalt, keine Sonne am Himmel zu sehen, schwere Schneewolken bedeckten den Himmel. Reinhold fuhr wieder mit dem Auto weg, doch wo fuhr er wieder hin, wo sollte ich ihn suchen? Ich dachte mir, er ist bestimmt in Edesheim. In meiner Verzweiflung nahm ich mein Auto und fuhr trotz des Wetters nach Edesheim, wollte diese Frau und Reinhold zur Rede stellen. Ich kam dort an, doch mein Mann war nicht bei dieser Frau. Sie sagte mir, sie hätte ihn schon eine Weile nicht gesehen. Ihre Mutter war auch in der Wohnung, und ich schämte mich so vor diesen beiden Frauen.

Maria, wie weit bist du gesunken, sagte ich mir immer wieder, fährst zu wildfremden Menschen und suchst deinen Mann, schäme dich vor dir selbst.

Langsam fuhr ich nach Hause. Was für eine dumme Frau ich war. Es fing an zu schneien die Flocken wurden immer größer, und bald wusste ich nicht mehr, wo ich war. Die Scheibenwischer packten die Schneemassen nicht mehr, und ich fing an zu beten. Ich hatte solche Angst, nicht mehr nach Hause zu kommen zu meiner Tochter und bat Gott, lass mich bitte nach Hause kommen, nie wieder werde ich meinem Mann nachfahren, um zu schauen, bei welcher Frau er heute wieder ist.

Die Stunden, die ich mit dem Auto unterwegs war, wurden für mich Tage, ich bettelte voll Verzweiflung, bitte lass mich nach Hause kommen, ich werde nicht schimpfen, ich werde ganz ruhig sein.

Gott hat mein Gebet erhört, ich kam nach Hause, ohne dass mir etwas passiert wäre und ohne einen Kratzer am Auto. Kein Ton kam über meine Lippen, und außer einem Mal ganz am Schluss unserer Ehe bin ich meinem Mann nie mehr nachgefahren, um herauszufinden, bei welcher Frau er war und wo er sich aufhielt.

Die Lieblosigkeit setzte mir sehr zu. Ins Geschäft fuhr ich mit Widerwillen, und ich hatte keine Freude am Arbeiten.

Eines Morgens blieb Reinhold zu Hause, denn ihm war nicht gut. Ich musste trotzdem aufstehen, musste mit meinem Vater auf den Großmarkt gehen. Als wir nach Hause kamen, saß Reinhold in der Küche. Er zitterte am ganzen Körper, er zitterte so sehr, dass der Tisch sich hob und senkte. Ich hatte so etwas noch nie gesehen, meine Mutter rief unseren Hausarzt an und schilderte ihm, was für Symptome Reinhold hatte. Er kam sofort, gab ihm Spritzen und sagte, er müsse im Bett bleiben. Der Arzt kam drei Mal an diesem Tag, gab ihm Spritzen und sagte, wenn wir es dieses Mal nicht schaffen, muss er heute noch ins Krankenhaus. Ich verstand nicht, was Reinhold hatte, ich konnte mir nichts vorstellen unter diesem Namen Delirium. Mein Mann war Alkoholiker, er war alkoholkrank, und wenn ein Alkoholiker ins Delirium fällt und keine Hilfe erhält, kann er dabei sein Leben verlieren, er sieht weiße Mäuse, Schlangen, es muss ganz schrecklich sein. Damals wusste ich noch nicht viel darüber, aber ich lernte schnell.

Die Spritzen halfen ihm. Reinhold blieb noch ein paar Tage zu Hause, musste jeden Tag zum Arzt, und bald ging es ihm wieder besser. Doch er merkte, dass er etwas unternehmen musste. Er ging zu den anonymen Alkoholikern, damit er seine Sucht besser in den Griff bekäme, suchte eine Selbsthilfegruppe auf und bekam für ein halbes Jahr einen Platz in einer Suchtklinik.

Den Einkauf für das Geschäft machte ich alleine. Ich war den ganzen Tag bei der Arbeit, es wurde gemacht, was ich sagte, ich war in meinem Element und konnte zeigen, was ich kann. Da sich Reinhold immer eine schlanke Frau gewünscht hatte, nahm ich ab und wurde ganz schlank; ich freute mich darauf, ein neues Leben mit ihm zu beginnen, wenn er aus der Suchtklinik zurückkäme. Bevor mein Mann in den Entzug ging, kaufte er noch für zwanzigtausend D-Mark neue Möbel für das Ladengeschäft. Ich erschrak, als ich den Brief erhielt, dass die Möbel angeliefert würden. Von dem Kauf hatte ich keine Ahnung, Geld hatten wir auch keines. Die Firma war so kulant, ein halbes Jahr zu warten, bis mein Mann wieder nach Hause kam. Die Büroarbeiten machte ich auch und fand viele Fehler, wo er in seinem Suff viel zu wenig berechnet hatte. Ich strengte mich an, wollte allen zeigen, dass ich es alleine besser konnte, es war eine wohltuende Erfahrung. Das Geschäft lief gut, und als mein Mann nach einem halben Jahr zurückkam hatte ich das Geld für die Möbel verdient, und ich war stolz.

Nach vier Wochen konnte ich meinen Mann das erste Mal besuchen, er durfte noch nicht das Haus verlassen, und so blieb ich auch nicht lange. Ich erzählte ihm alles, was im Geschäft lief, bekam aber keine Anerkennung von ihm. Ich sagte mir, das macht nichts, das ist der Alkoholentzug, er hat mit sich selbst zu tun ... und freute mich darauf, ihn wieder besuchen. Nach einem Vierteljahr durfte er über Nacht außer Haus, doch er wollte sich ein Zimmer in einem Hotel nehmen. Zuerst sagte er, ihm sei nicht gut, er wäre krank, doch ich versicherte ihm, das mache mir nichts aus, ich wolle nur unbedingt bei ihm sein. Als er merkte, dass ich nicht locker ließ, buchte er das Hotel, und ich freute mich so sehr.

Doch unser Zusammensein verlief anders, als ich mir das vorgestellt hatte. Er war so kalt, ich konnte nicht verstehen, warum, er war doch in einer Suchtklinik, und Ausgang hatten sie so gut wie gar nicht, er konnte doch keine andere Frau haben, das war doch gar nicht möglich. Ein halbes Jahr ist lang, aber es geht vorbei, und meine Freude war so groß, dass wir ein neues Leben anfangen würden ... Er trinkt keinen Alkohol mehr, ich bin schlank wie er es immer wollte, das neue Leben würde schön werden – das waren meine Gedanken.

Noch während Reinhold in der Klinik war, kam ein Kunde, der ein Juweliergeschäft hatte, und wollte dreihundert D-Mark für einen Ring haben.

»Mein Mann ist nicht da, und ich habe nichts bestellt«, sagte ich ihm.

»Doch, Ihr Mann hat ihn telefonisch bestellt, ich soll das Geld bei bei ihnen holen«, antwortete der Mann.

Ich bat ihn, er solle einen Tag warten, damit ich mit meinem Mann reden könne. Der Kunde ließ mir die Rechnung da, und ich stellte Reinhold zur Rede. Er hätte eine Therapeutin, die ihm sehr helfe, und ihr hätte er den Ring als Zeichen der Dankbarkeit geschenkt, ich solle es aber für mich behalten, weil diese Therapeutin ihn nicht annehmen dürfe.

Ich glaubte meinem Mann. Er kam wieder nach Hause, und ich freute mich sehr. Nun war er wieder der Chef, und die Schwiegermutter der Boss. Sie war eine sehr fleißige Frau und machte alles für ihren Sohn, sie arbeitete bis nachts, keine Arbeit war ihr zu viel, Reinhold war ihr ein und alles, zumal der Schwiegervater in der Zwischenzeit verstorben war. Das machte auch mir richtig zu schaffen. Mein Schwiegervater war der beste Mann auf dieser Welt, ich hatte ihn richtig gern, er fehlte mir sehr. Wenn ich sehr traurig war, fuhr ich zu ihm ans Grab und weinte mich aus.

Ein paar Tage später rief Reinhold mich morgens an, ich bekäme einen Brief von einem Anwalt, und er sagte: »Bitte mach den Brief nicht auf, wirf ihn weg, es stimmt nicht, was er schreibt.«

Tatsächlich habe ich den Brief, ohne den Inhalt

zu lesen, weggeworfen. Doch ich fragte ihn, was darin stand.

Er erklärte mir, er habe sich scheiden lassen wollen, die Therapeutin hätte ihn ganz verrückt gemacht, es wäre besser, sich scheiden zu lassen, er hätte aber eingesehen, dass das nicht der richtige Weg wäre, dass er mich gern hat und er bei mir bleiben will. Ich verstand das alles nicht, glaubte aber meinem Mann.

Erst viel später, als wir nicht mehr zusammen waren, erfuhr ich von einem Freund, der damals als Patient in der gleichen Klinik war wie Reinhold und mit dessen Familie ich mich angefreundet hatte, dass Reinhold eine Küchenhilfe, die im Kurhaus beschäftigt war, zur Freundin hatte und der Ring nicht für seine Therapeutin, sondern für seine neue Freundin bestimmt war. Tatsächlich wollte er sich scheiden lassen, aber seine Mutter hatte ihm die Leviten gelesen, dass er das nicht machen könne, ich hätte die ganze Zeit die Firma geleitet und aus Dankbarkeit wolle er sich jetzt scheiden lassen. Er solle überdenken, was er in Zukunft machen wolle.

Ich hatte damals immer noch meine rosarote Brille auf, glaubte immer noch jedes Wort, dass er mir erzählte.

Reinhold wurde immer komischer, er kapselte sich ab. Im Bett musste ich ihn immer verführen, damit er mit mir schlief, und als es wieder einmal so weit war, wurde ich erneut schwanger. Ich wusste nicht, dass ich schwanger war, es musste in der ersten Woche gewesen sein, als wir immer mehr und öfters Streit bekamen. Reinhold liebte eine andere, von der ich auch nichts wusste, nur dass er sich so komisch verhielt.

Nach einem heftigen Streit mit meinem Mann und anschließend auch mit meinen Eltern war ich zermürbt, ich wollte nicht mehr leben und hatte genug von den vielen Affären meines Mannes, der Arbeit im Geschäft meines Mannes, wo ich mich fühlte wie der letzte Dreck. Das war alles zu viel für mich, und die Leute merkten das, ich war nicht mehr freundlich; wenn eine Kundin kam und drei Karotten für den Hund kaufen wollte, aber bitte runde, damit er sie auch zwischen die Pfoten nehmen kann, dann war das zu viel für mich. Unter normalen Umständen hätte ich gelacht und hätte sie noch gefragt wie viel Zentimeter groß sie sein dürfen, aber mein Leben war nicht normal, mein Leben bestand nur aus Arbeit, Streit und Vorwürfen von meinen Eltern, die mir sagten, ich hätte schließlich diesen Mann gewollt. Und doch, sie halfen mir immer wieder, ich war das Kind meiner Eltern, sie standen mir trotz der Vorwürfe bei und fingen mich auf.

An diesem Tage wollte ich nicht mehr leben, ich hatte eine halbe Flasche Cognac, die bei uns im

Wohnzimmer stand, und wollte mir mit diesem Getränk das Leben nehmen. Eine halbe Flasche Cognac ist sehr viel, wenn man Alkohol hasst und keinen trinkt, doch ich hatte nur einen Rausch, und meine Tochter war dabei, musste alles miterleben und hat bis heute nicht vergessen, wie ich hin und her torkelte. Als ich merkte, dass der Alkohol nicht ausreichte, um mir das Leben zu nehmen, ging ich zum Schrank, wo ich eine Flasche vor meinem Mann versteckt hatte, setzte sie an und wollte sie in einem Zug leeren, aber in der Flasche war nur Wasser, mein Mann hatte sie schon lange entdeckt, ausgetrunken und Wasser hineingefüllt.

Als ich das Wasser auf meiner Zunge spürte, fing ich in meiner Verzweiflung an zu lachen, ich lachte, weil ich so dumm war und mein Mann mich schon wieder verarscht hatte. Nein, Maria, wegen solch einem Gauner nimmst du dir nicht das Leben, nein, das machst du nicht, du hast ein Kind, du musst für das Kind da sein, soll er machen, was er will.

Nach einer Weile merkte ich, dass ich schwanger war. Mein Mann sagte sofort, das Kind sei nicht von ihm, aber von wo sollte es her sein als von meinem Mann. Er sagte, er könne keine Kinder mehr zeugen, doch das war alles Unsinn.

Niemand wollte das Kind. Meine Eltern meinten, es wäre besser, in meiner Situation keine Kinder mehr zu bekommen. Mein Mann sagte, es wäre nicht von ihm. Meine Tochter weinte auch, sie wolle keine Geschwister mehr. Zweifel nagten an mir. Wenn niemand das Kind will, war es dann richtig, noch ein Kind zu bekommen? Ich bekam es mit der Angst zu tun. Was sollte ich machen?

Ich rief in Holland an, machte einen Termin aus für eine Abtreibung, die Adresse hatte ich von einer Bekannten bekommen. Doch als der Zeitpunkt immer näherrückte, wusste ich nicht, ob ich das Richtige tat. Ich überlegte und sagte mir, keiner will das Kind, doch du selbst willst das Kind haben.

Ich rief in Holland an und sagte den Termin ab.

Die Schwangerschaft verlief reibungslos, ich hatte keine Probleme. Es ging weiter wie immer, morgens Großmarkt, mittags bedienen. Im Geschäft wurde keine Rücksicht genommen, ich musste nach wie vor Kisten schleppen, und wenn ich etwas sagte, hieß es, eine Schwangerschaft sei keine Krankheit. Allmählich hasste ich das Ladengeschäft, doch ich war ruhig und weinte viel. Bis zum letzten Tage musste ich arbeiten, nur ab und zu durfte ich mich an die Kasse setzen und brauchte nicht zu stehen. Bei meinem Vater brauchte ich keine Kisten mehr zu schleppen, er nahm Rücksicht auf mich.

An einem Samstag, als die Geburt nahte, fuhr ich nachmittags vom Geschäft nach Hause, denn ich musste meine Tasche packen für das Krankenhaus – einige Kleider für das Kind und mich hatte ich schon vorbereitet, die anderen Kleider wusch ich und hängte sie zum Trocknen auf. Am nächsten Tag, es war ein Sonntag, hatte ich noch Arbeit, ich würde also später, wenn alle Kleider trocken waren, meine Tasche packen.

Noch während ich diese Gedanken hegte, platzte mir die Fruchtblase, und das ganze Wasser ergoss sich ins Wohnzimmer. Unsere Tochter lief schnell zu meiner Mutter. Sie kam und half mir, die Wäsche, die noch nicht ganz trocken war, zu bügeln, sodass ich sie einpacken konnte. Nun war die Tasche gepackt, und ich wartete darauf, dass die Wehen anfingen. Doch es kamen keine Wehen, ich lag im Bett und wartete. Mein Vater fragte mich, ob ich nicht mit zum Großmarkt fahren möchte, aber das war mir dann doch zu heikel, ich wollte lieber im Bett bleiben. Meine Mutter riet mir, ich solle wenigstens meinen Frauenarzt anrufen und fragen, was zu tun sei. Ich wartete bis acht Uhr und rief dann meinen Frauenarzt an, der mich sofort ins Krankhaus schickte, wenn die Fruchtblase geplatzt sei, könne es eine Infektion geben, auch wenn ich keine Wehen hätte. Ich nahm meine Tasche und fuhr ins Krankenhaus, stellte mein Auto auf dem Parkplatz ab und ging hinein.

Unterwegs kam mir ein Arzt entgegen, den ich nach der Entbindungsstation fragte.

Der schaute mich an und fragte: »Für wen wollen Sie das wissen?«

»Für mich. Ich bekomme mein Baby«, antwortete ich.

Er schaute mich an, als wäre ich nicht ganz zurechnungsfähig, beschrieb mir aber den Weg.

Bei der Entbindungsstation angekommen läutete ich, und eine junge Hebamme kam heraus. Auch sie fragte mich, was ich wolle.

»Ich bekomme mein Baby«, sagte ich wieder.

»Haben Sie Wehen?«

»Nein«, antwortete ich, meine Fruchtblase ist geplatzt, und der Arzt sagt, ich muss ins Krankenhaus.«

»Da kann ja jeder kommen und sagen, ich bekomme ein Kind«, sagte sie, aber sie behielt mich vorsichtshalber da und schaute nach, um dann festzustellen, dass ich doch recht hatte.

Nach einigem Hin und Her bekam ich ein Zweibettzimmer zugeteilt. Es war sehr schön, und ich lag dort einige Zeit alleine, bis eine andere Patientin kam, die ebenfalls ein Baby erwartete. Der Mann dieser Patientin blieb bei der Frau, und Jahre später hat er in meinem Haus eine Reparatur gemacht und konnte sich noch genau an mich erinnern; er sagte mir, er hätte mich sehr bewundert damals, wie tapfer ich gewesen sei.

Der Arzt, den ich nach der Entbindungsstation gefragt hatte, kam ins Zimmer und schaute nach mir. Er konnte nicht glauben, dass eine Frau allein mit ihrem Auto ins Krankenhaus zur Entbindung fährt. Später fragten mich auch die anderen Ärzte, wie ich hergekommen sei, und als ich ihnen die Wahrheit sagte, fragten sie: »Was hätten Sie gemacht, wenn die Wehen unterwegs gekommen wären?

»Die sind aber nicht gekommen, und ich bin jetzt hier«, war meine Antwort.

Ich wurde untersucht, und sie überlegten, was sie mit mir machen sollen. Um fünf Uhr kam die Schwester ins Zimmer und fragte, ob ich bereits Wehen hätte, aber dem war nicht so. Doch fünf Minuten später kam sie wieder ins Zimmer, und ich sagte ihr, ich hätte in diesen fünf Minuten schon zwei Wehen gehabt. Sie glaubte mir nicht, obwohl die Frau im anderen Bett der Schwester bestätigte, dass es stimmte.

Ich ging aus dem Bett, lief hin und her und her und hin, erduldete eine Wehe nach der anderen, um sechs Uhr kam die Hebamme, untersuchte mich und schickte mich sofort in den Kreissaal. ich wollte noch laufen, doch sie sagte sofort ins Bett und keinen Schritt mehr laufen. Als ich in den Raum kam, schrie im Nebenraum eine Frau, es war fürchterlich anzuhören, und als ich nach der Geburt wieder aufs Zimmer kam, schrie die Frau immer noch.

Wenn ich behaupte, die Geburt war leicht, würde ich lügen. Ich hielt mich ganz fest am Ende des Bettes, wollte nicht schreien wie diese Frau im Nebenraum, nein, ich riss fast das Bett zusammen, doch kein Laut kam über meine Lippen. Die Hebamme sagte nach der Geburt zu mir, eine so tapfere Frau hätte sie noch nie gehabt, und das zu hören, war Balsam für meine Seele.

Wir hatten einen Sohn bekommen, und mein Mann kam nicht zu mir ins Krankenhaus. Er besuchte mich nicht. Stattdessen kam die Verkäuferin und brachte mir einen wunderschönen Strauß Blumen von meiner Schwiegermutter.

Die Tage im Krankenhaus vergingen, und meine Schwester holte mich mit ihrem Auto nach Hause. Reinhold war die ganze Woche nicht nach Hause gekommen, doch er half meinem Vater auf dem Großmarkt, was ich anständig fand. Nach und nach besserte sich unser Verhältnis. Es war entspannter. Der Kleine machte mir sehr viel Freude, und meine Tochter war begeistert von ihrem kleinen Bruder. Ich war zu Hause, brauchte noch nicht ins Geschäft, konnte mich meinem Hausbau widmen und in Architekturzeitschriften blättern, die ich mir kaufte. Über einen Bekannten fand ich einen Architekten, der mir bei den Plänen half; er war in einem großen Büro angestellt und machte nebenbei Pläne auf eigene Rechnung.

Bei einem Haus aus Schweden wurde ich fündig. Die Architektur gefiel mir sehr gut: eininhalb Stockwerke, das konnte man so bauen, dass ich eine Wohnung im Erdgeschoss hatte; eine freitragende Treppe ging nach oben, es gibt keinen Speicher, sondern das Dach wird ganz hoch gebaut. Die Treppe ging nach unten in den Keller, den man ganz leicht zu einer Wohnung umbauen konnte. Jede Etage hatte eine eigene Eingangstüre, und im Keller waren die Fenster halbhoch, sodass man die Wohnungen herrichten konnte, ohne viel umzubauen. Insgesamt waren es 280 Quadratmeter, und es gäbe drei Wohnungen. Zwar hatte ich nicht viel Geld, doch der Bauer, der mir den Bauplatz besorgt hatte, war im Ausschuss bei der Bank. Er glaubte an mich und an meine Fähigkeiten, und er versprach, mir zu helfen, wenn ich den Kredit beantragen würde. Zuerst machte ich nur Pläne und sparte wieder wie immer.

Ich hatte ein Ziel: Ich wollte raus aus meinem Elternhaus, wollte das Haus, das meine Ehe retten würde, bauen. Ich träumte davon, wie wir in dem Haus wohnten, mein Mann früher nach Hause kam, wir eine Familie waren ... Das waren meine Gedanken, aber wie so oft im Leben kommt es anders als man denkt.

Ich baute das Haus, so wie ich wollte, ich war verrückt danach, allein mit meiner Familie in dem

Haus zu wohnen. Ich plante zuerst nur den Rohbau, wollte nur so viel Geld aufnehmen, wie der Rohbau kostet, bis wieder Geld da war, um Fenster und die Außentüre anzubringen, damit niemand mehr in das Haus hineingehen kann. Der eine Nachbar ging abends immer mit dem Metermaß, um zu überprüfen, dass meine Handwerker auch keinen Zentimeter höher bauten als im Stadtplan erlaubt war. Dem anderen Nachbarn gefiel nicht, wie meine Garage stehen sollte. Er rief mich an und sagte, er erhebe Einspruch, er weiß, ich bin im Recht, doch würde er meinen Plan torpedieren, und ich könne dann wenigstens erst sechs Monate später anfangen zu bauen. Wir einigten uns auf einen anderen Standplatz auf meinem Grundstück, dafür wollte ich eine Doppelgarage. Er schaute sich den neuen Plan an und war zufrieden. Die Stadt hatte nichts dagegen, und so fanden meine Garagen einen anderen Platz – wie sich später herausstellte für mich ideal, für ihn nicht.

Nach einigen Jahren kam er wieder zu mir, er hätte gehört, ich würde aus dem Hause ausziehen, um in der Nachbarstadt zu wohnen, er würde mir gerne helfen. Er wollte mir die Hälfte von meinem Garten abkaufen, damit ich Geld hätte für mein neues Haus. Dankend lehnte ich ab und sagte ihm, das Haus in dem ich wohne, sei bereits bezahlt, und ich würde jeden Tag lieber Kartoffel mit

Salz essen als ihm die Hälfte meines Gartens zu verkaufen. Aus dem Einfamilienhaus wurde ein Zweifamilienhaus, damit ich eine Wohnung vermieten konnte, wenn ich es brauchte. Ich war fest entschlossen, aber sehr naiv, doch wenn man im Leben etwas erreichen will, muss man etwas dafür tun. Es geht nichts im Leben ohne Opfer, manche groß und manche klein.

Ich musste also wieder viel arbeiten und sehr viel sparen, und abermals halfen mir meine Eltern. Ich musste wieder nachmittags ins Geschäft gehen, die schöne Zeit mit den Kindern war vorbei.

Zu unserem Unglück fiel mein Vater eines Tages auf einmal um, er landete auf dem Boden, war ein Moment bewusstlos und kam ganz schnell ins Krankenhaus. Die Ärzte stellten fest, dass sein Herz nicht mehr richtig arbeitete, und er bekam einen Herzschrittmacher. Damit war klar: Er würde nicht mehr arbeiten können. Doch das Geschäft wollte er nicht verkaufen, stattdessen bot er mir an, es weiterzuführen.

Ich sagte ja und sprach mit Reinhold darüber: »Ich möchte raus aus dem Ladengeschäft, ich möchte den Großhandel meines Vaters übernehmen. Bitte nimm dir eine Verkäuferin, ganz bestimmt werde ich mehr verdienen als bei dir, und ich kann das Haus bauen, damit wir alleine sind; unsere Ehe kann dadurch nur besser werden.«

Reinhold war damit einverstanden, ich brauchte nicht mehr in das Ladengeschäft, wo ich immer vornehm tun musste. Ich durfte auf meinen Großmarkt, da ging es rau her, die Sprache war eine Männersprache. Vornehm ging es da nicht zu, doch hier war mein Leben, hier konnte ich sein, wie ich wirklich war. Ja, es war eine Männerdomäne, und Männer zu überzeugen, dass Frauen auch etwas können, es vielleicht noch besser können, ist schwer. Bis sie es merken, ist es für die Männer schon zu spät, da haben wir Frauen die Katze schon im Sack. Ich machte mir keine Gedanken, ob ich allein den Großhandel führen konnte, ich wollte es, und was daraus wurde, das würde die Zeit bringen.

Der Tag kam, als ich das erste Mal alleine zum Großmarkt fuhr. Wir hatten einen VW-Bus, den ich meinem Vater abgekauft hatte, Reinhold hatte einen größeren Peugeot-Bus und einen kleinen PKW. Für den ersten Tag hatte ich nur zehn Kisten Radieschen und fünfzehn Bündel Rhabarber zu verkaufen, doch ich war zu spät angekommen. Meine größte Konkurrentin stand zwei Plätze weiter, sie schaute, was ich noch übrig hatte. Sie wusste, ich war zu spät auf den Großmarkt gekommen, sie lief an meinem Stand vorbei und sah mich an. Den Blick habe ich bis heute nach all den Jahren nicht vergessen, sie sah mich voller Mitleid und voller Schadenfreude an, ihre Augen lachten, weil sie dachte, die macht das nicht lange, die kann doch nichts. In ihrem Blick war ich der Depp vom Ladengeschäft. Diesen Blick spüre ich noch heute auf meiner Haut, sie hätte mich nicht so anschauen dürfen, ich war kein Depp und würde auch nie einer werden.

»Dir zeig ich's, Alte«, das war mein Blick zurück.

Sie las meinen Blick nicht richtig, doch bald lernte sie mich kennen, lernte mich auch schätzen. Und als sie nach Jahren altersbedingt aufhörte und ihr Schwiegersohn das Geschäft alleine weitermachen wollte, sagte sie zu ihm: »Geh lieber woanders arbeiten, gegen die hast du keine Chancen.«

Am gleichen Tag ging ich zum Chef des Erzeugergroßmarktes und fragte ihn, ob ich hier wie mein Vater einkaufen dürfte. Er kannte mich und sagte mir zu, hier einkaufen zu können.

Der Anfang war sehr schwer, ich musste an die große Uhr, die von oben nach unten läuft, und je nach Preis der Ware muss man ganz schnell drücken, damit man den Preiszuschlag bekam. Die anderen Großhändler waren alte Hasen, die ihr Handwerk verstanden, gegen die ich noch nicht ankam. Also bestellte ich gleich bei den Gärtnern und Bauern, so kam ich auch zu meiner Ware und konnte gelassen an die Uhr gehen, um einzukaufen. Die Chefs verstanden, dass ich nicht so schnell mitkam beim Einkaufen an der Uhr, mit den Jahren sollte es besser werden.

Mein Geschäft lief gut, ich wurde immer besser und fing mit meinem Hausbau an. Es lief alles, nur nicht meine Ehe. Die plätscherte so vor sich hin. Zuerst wurde die Wohnung im Erdgeschoss fertiggestellt, damit wir einziehen konnten, die reichte allemal für unsere Familie. Die anderen Etagen habe ich auch nach und nach fertig machen lassen. Unsere Tochter konnte wählen zwischen Keller und Obergeschoss.

Wenn ich Liebe haben wollte, musste ich meinen Mann immer wieder verführen, auch das eine Mal, als er mich abwehrte und sagte: »Wenn du nicht aufhörst, mich zu belästigen, stehe ich auf, hole ein Messer und steche dich ab.«

Erschrocken von seinen Worten hörte ich auf und sagte ganz ruhig: »Du brauchst kein Messer holen, ich werde dich nicht mehr belästigen, das verspreche ich dir.«

Und so kam, was kommen musste, auch ich schaute nach anderen Männern. Ab und zu verbrachte ich mit einem Kollegen, mit dem ich mich sehr gut verstand, einen Abend oder einen Nachmittag, wie die Zeit es zuließ. Egal ob man jung ist oder alt und einsam –jeder braucht ab und zu etwas Zärtlichkeit und Anerkennung. Wenn man zu Hause am gedeckten Tisch sitzt und sich bedienen kann, wie man Lust und Laune hat, kann man das vielleicht nicht verstehen, doch Menschen, die das nicht können und sich sehnen, einmal in den Arm genommen zu werden, die können es verstehen.

Das Leben ging weiter. Unsere Tochter war inzwischen erwachsen und hatte einen Freund, die beiden wollten sich verloben. Der 24. Dezember war ein Sonntag, Montag hatten wir frei. In Absprache mit Reinhold sollte die Verlobung am ersten Weihnachtsfeiertag stattfinden. Das Wohnzimmer hatten wir zu einem gemütlichen Raum umfunktioniert, in dem alle zwanzig Gäste sitzen konnten. Das Essen bereiteten wir selbst zu. Der Tisch war gedeckt, unsere Gäste konnten kommen. Nachmittags ging es los mit Kaffee und Kuchen, wir saßen zusammen, es war ein harmonisches Fest. Es wurde viel gelacht, und alle waren wir fröhlich und ausgelassen.

Als wir beim Abendessen um den großen Tisch versammelt waren, klingelte das Telefon. Mein Mann rannte hin, sprach mit einer Bekannten, sagte, ja, er komme, er komme auf jeden Fall. »Wo willst du hingehen?«, fragte ich.

»Es ist ein Notfall, ich muss helfen, da ist jemand im Alkoholrausch und will sich das Leben nehmen.«

»Reinhold, bitte rufe heute einen Kollegen an, geh bitte heute nicht weg, heute ist die Verlobung deiner Tochter, die Gäste sitzen hier, du bist der Vater, bitte geh heute nicht weg.«

»Ich kann nicht anders, auch an solch einem Tag muss ich den anderen helfen«, war seine Antwort.

Er ging, und wir blieben mit unseren Gästen alleine zurück. Es wurde zehn, es wurde elf Uhr, fast alle Gäste waren nach Hause gegangen. Nachdem Reinhold verschwunden war, kam die Heiterkeit nicht mehr zurück, es lag eine bedrückte Stimmung in der Luft. Die Gäste konnten nicht verstehen, warum Reinhold nicht einen anderen Kollegen angerufen hatte, er war ja kein Arzt der einen Notfall behandeln musste, er half ab und zu ehrenamtlich bei der Gruppe, wenn ein Alkoholiker in Not war, es gab aber viele Kollegen, die mithalfen, den Menschen zu helfen. Wir selbst konnten es uns auch nicht erklären, warum er das Essen stehen ließ und einfach ging. Er sagte noch, er habe Bauchweh und könne nicht mehr essen.

Ich ging an diesem Abend nicht ins Bett, wollte warten, mit ihm reden und ihn fragen, warum es keinen anderen Ausweg gab. Die ganze Familie blieb auf und wollte warten. Morgens früh um fünf Uhr sagte ich zu den anderen, ich werde jetzt ins Geschäft fahren, um zu schauen, ob er dort ist, ob etwas passiert ist, auch weil wir nichts von ihm hörten. Ich wollte mit dem PKW fahren, doch Reinhold hatte ihn ohne Sprit stehen lassen. In meiner

Verzweiflung nahm ich den großen LKW und fuhr ins Geschäft. Dort angekommen war alles dunkel, niemand war dort. Wo war Reinhold, es gab kein Lebenszeichen von ihm.

Nach dem Frühstück ging ich arbeiten, die wenige Arbeit hatte ich in zwei drei Stunden erledigt, und ich fuhr wieder nach Hause. In der Zwischenzeit hatte meine Tochter die Polizei und die Krankenhäuser in unserer Umgebung angerufen, ob irgendetwas passiert wäre. Keiner konnte uns helfen. Wir hatten große Sorgen und machten uns Gedanken, was Reinhold alles zugestoßen sein könnte. Am Nachmittag bat mich meine Schwiegermutter schließlich darum, sie nach Hause zu fahren, irgendwann werde er schon kommen. Wir fuhren die Schwiegermutter nach Hause, und dort am Telefon, lag eine Notiz: »War hier, habe die Katze gefüttert, komme morgen auf den Großmarkt.«

Mir fiel es wie Schuppen von den Augen. Er ist wieder bei einer Frau, lässt dafür die Gäste sitzen. Er fuhr nicht zu einem Kranken, nein er verbrachte das Weihnachtsfest bei einer anderen Frau.

Zu meiner Tochter sagte ich: »Komm, wir gehen ins Büro, wir stellen das Büro auf den Kopf und schauen, ob wir etwas finden, wer diese Frau ist und wo sie wohnt.«

Ich war böse, fühlte mich beleidigt und war verletzt – es gibt keine Schimpfwörter die nicht in meinem Kopf herumschwirrten. Wir suchten verzweifelt. Die Schwiegermutter fand das gar nicht lustig und wollte uns aus dem Büro werfen, ich hätte kein Recht, das Büro zu durchwühlen. Ich blieb stur, ohne einen Hinweis würde ich das Büro nicht verlassen. Wie fanden ein Bild von einer Frau, darauf stand etwas wie »in großer Liebe ...« und der Name dazu sowie die Telefonnummer. Wir schauten im Telefonbuch nach der Adresse. Wir fanden die Straße und das Haus, wo sie wohnte.

Noch am gleichen Abend suchten wir das Haus auf, gingen aber nicht hinein, ich wollte den nächsten Tag abwarten. Mein Mann kam auf den Großmarkt, und ich sagte ihm auf den Kopf zu, dass er bei dieser Frau war. Er leugnete es nicht, und es machte ihm auch nichts aus. Er sagte, die Frau wäre krank gewesen und er hätte ihr helfen müssen.

»Ach, und dafür hast du ein Bild von ihr in deinem Büro? Wir waren in deinem Büro, ich habe die Adresse von dieser Frau. Schämst du dich nicht vor unseren Gästen an der Verlobung deiner Tochter? Du bist schäbig und solch ein verlogener Mistkerl, du bist so schlecht.« Ich war auf tausend Volt, ich kannte mich selbst nicht mehr, drückte ihn an die Wand, gab ihm eine Ohrfeige, und wenn ich ein Messer zur Hand gehabt hätte, wahrscheinlich hätte ich zugestochen. »Wenn du mich betrügst, egal, was du mit mir machst, ich würde es verstehen, aber an der Verlobung deiner Tochter, das geht gar nicht. Eine Frau oder einen Mann kann man beleidigen, doch wenn Eltern ihre Kinder lieben, dürfen sie ihnen nicht so wehtun.«

Reinhold nahm mir meinen Ausbruch übel und ließ mich links liegen. Er kaufte nicht mehr bei mir ein, hatte jetzt seinen Grund gefunden, um nicht mehr bei mir sein zu müssen.

Er sagte: »Wenn eine Frau einen Mann schlägt, dann muss er gehen.«

Er hatte recht, ich bin zu weit gegangen, doch wie viel Gründe hätte ich schon gehabt, ihn zu verlassen, wie oft hat er mich schon betrogen, wie oft hätte ich schon aus unserer Ehe davonrennen können. Ich habe immer wieder versucht, unsere Ehe zu retten, wir hatten Kinder, und ich liebte meinen Mann noch immer. Er half mir nicht mehr auf dem Großmarkt, ich konnte auch nicht mehr arbeiten. Es war mir alles zu viel, ich hatte keine Kraft mehr. Mein Geschäft litt sehr. Ich hatte vor Weinachten einen Jahreswagen bestellt, einen LKW, ich wusste nicht mehr wie es weitergehen sollte. Ich schleppte mich gerade so durch den Tag. Soll ich aufhören mit meinem Geschäft? Was soll ich machen, ich wusste es nicht. Mein Leben musste neu geordnet werden.

Es war ein Schlag, unvorbereitet drohte ich unterzugehen, versuchte wie ein Schwimmer, der nicht mehr schwimmen konnte, mich über Wasser zu halten. So empfand ich meine Lage. Ich musste oben bleiben, ich durfte nicht untergehen.

Auf dem Großmarkt stand ich wie ein Häufchen Elend, konnte keinen Kunden mehr ansprechen. Ein paar Stände weiter hatte eine ältere Frau ihren Stand, sie war eine gute Kundin von mir. Sie kaufte mir sehr viel Ware ab, und auch diese Frau merkte, dass bei mir nicht mehr viel los war.

Doch sie bedauerte mich nicht, sondern fing an zu schimpfen und sagte: »Warum bemitleidest du dich selbst? Was willst du machen, willst du in ein Geschäft gehen als Verkäuferin oder willst du selbständig bleiben? Du musst da durch! Mir ist es nicht anders gegangen, ich war mit einem Arzt verheiratet. Als er noch nicht viel Geld verdiente und er meine Unterstützung brauchte, war alles in Ordnung, auch ich habe zwei Kinder. Und als er viel Geld verdiente und eine eigene Praxis hatte, schaute er auch nach anderen Frauen und ließ sich scheiden. Schau mich an, ich stehe hier, mir geht es gut. Lass deinen Mann sausen, fang ein neues Leben an und höre auf, dich selbst zu bemitleiden.«

Am gleichen Tag als die Frau mir die Leviten gelesen hatte, ging ich zu einem Gärtner, um Feldsalat zu bestellen. Die Gärtner waren daran gewöhnt, dass ich fünfzig bis einhundert Kisten Feldsalat bestellte, aber ich wollte nur zehn Kisten bestellen.

Da fing alles noch einmal an. Erst schimpfte der Gärtner mit mir und dann seine Frau. Ich stand da und konnte nicht mehr reden, sie schimpften beide mit mir: »Was ist nur aus dir geworden, du bestellst zehn Kisten Feldsalat, was soll das, wir werden uns einen anderen Großhändler suchen, lass dich anstellen, du bist nicht mehr fähig, einen Großhandel zu führen, geh nach Hause und bedauere dich selbst oder steh auf. Sei wieder wie früher, du musst dich entscheiden. So können wir nicht mehr mit dir zusammenarbeiten.«

Mir fielen keine Worte mehr ein, es war zu viel für mich. Zweimal am gleichen Tage schimpften die Leute mit mir. Ich drehte mich um, ging ins Auto und fing an zu heulen.

Ich konnte mich nicht beruhigen, weinte und weinte, und als ich keine Tränen mehr hatte, fing ich langsam an zu begreifen, dass das Leben so nicht weitergehen konnte. Du musst dich entscheiden. Was willst du wirklich? Willst du in ein Geschäft als Verkäuferin gehen? Du hast Schulden, du hast zwei Kinder, und von deinem Mann bekommst du keine Unterstützung. Und du willst nicht in ein Ladengeschäft. Ich saß in meinem Auto, es war eiskalt, doch ich merkte die Kälte nicht. Meine Gedanken kreisten in meinem Kopf: Was soll ich tun, was soll ich tun? Und endlich sah ich es auch: Du bedauerst dich selbst, die Leute haben recht, du musst was ändern. Zeige deinem Mann, dass du alleine stark sein kannst, dass du ihn nicht brauchst, dass du ein Leben ohne ihn führen kannst. Zeige deinem Mann, was du wirklich kannst, die Schulden für das Haus bezahlen, die Kinder alleine großziehen, dein Geschäft alleine führen. Sei eine starke Frau, die ihr weiteres Leben ohne ihn verbringen kann. Es war nicht leicht, zu dieser Einsicht zu gelangen, doch das Schimpfen hat mir geholfen, wieder in die Wirklichkeit zurückzufinden.

Ich stieg aus dem Auto, ging zu den Gärtnersleuten zurück.

»Ihr habt Recht. Ich werde kämpfen, und ihr braucht euch keinen anderen Großhändler suchen«, sagte ich.

Am nächsten Morgen ging ich zu der Frau und bedankte mich auch bei ihr, dass sie mir die Augen geöffnet hatte. Dann ging ich zu der Firma, bei der ich den Jahreswagen bestellt hatte, und bestellte ihn ab. Die wollten nicht und sagten, wir haben einen Vertrag. Ich war ganz ehrlich und sagte, mein Mann habe mich verlassen, ich wisse nicht, ob ich von der Bank das Geld bekomme, ob ich das Auto überhaupt bezahlen kann. Das war der Firma dann doch zu ungewiss, und ich konnte vom Vertrag zurücktreten ohne Sonderausgaben. Mein altes Auto fuhr ich weiter, bis sich mein Allgemeinzustand gebessert hatte und ich in der Lage war, normal zu denken, um mein Geschäft alleine zu führen.

Der Zustand unserer Ehe hat sich nicht gebessert. Ich hatte meinen Mann noch gern, musste aber einsehen, dass ich für ihn nur zum Arbeiten gut war. Vielleicht hatte er mich einmal geliebt, doch er brauchte immer Bestätigung von anderen Frauen, und diese Bestätigung konnte ich ihm nicht geben. Den Schlüssel für das Haus hatte er immer noch, und ab und zu am Sonntag rief er mich an, er wolle den Kleinen holen, um mit ihm spazieren zu gehen.

So war es auch an diesem Sonntag, er versprach mir, das Kind zu holen. Der Kleine wartete, ging immer wieder zur Terrasse, um zu schauen, wann sein Vater endlich käme. Doch er kam nicht. Da ich arbeiten musste, war der Kleine allein, es gab noch keine Handys. Der Kleine wartete, bis ich gegen Abend nach Hause kam. Ich war verärgert, denn ich hätte das Kind nicht so lange alleine gelassen, er wäre in dieser Zeit bei meinen Eltern gewesen.

Am nächsten Tag suchte ich Reinhold auf dem Großmarkt, nahm ihm den Schlüssel ab und sagte ihm, er solle nie mehr wagen, unseren Sohn so anzulügen. »Der Kleine hat den ganzen Tag auf dich gewartet und geweint, du hättest ihn auf unserem Telefon anrufen können und ihm sagen, dass du nicht kommst und er zur Oma gehen soll. So etwas darf nie mehr vorkommen, das Kind war ganz alleine in dem großen Haus und hat auf dich gewartet. In Zukunft bleibst du bei deinen Frauen, und unser Sohn bleibt bei mir.«

Wenn Reinhold den Kleinen bei der Oma abholte oder wenn ich mich wirklich darauf verlassen konnte, sah er seinen Sohn trotzdem ab und zu, dann holte den Kleinen ab und brachte ihn gegen Abend zurück. Unser Verhältnis hatte sich gebessert, als ich anfing, ihm seine Freiheit zu lassen und er machen konnte, was er wollte. Wir verstanden uns einigermaßen, und an einem Sonntag bat ich ihn, doch da zu bleiben. Um zehn Uhr am Abend musste ich meine Lieferung machen, vielleicht wolle er mitkommen, alleine zu fahren hatte ich keine Lust.

Doch er lehnte mit den Worten ab: »Ich muss das Schaufenster dekorieren, und nachts habe ich die besten Ideen, du weißt, ich habe in meinem Laden den Käseladen einbauen lassen mit den neuen Möbeln, das Geld habe ich ja von dir erhalten.«

Ja, er hatte mich gefragt, ob ich ihm dreißigtausend D-Mark leihen könne, wir würden einen Vertrag machen, er gäbe mir Zinsen und ich bekäme jeden Monat Geld zurück. Ich glaubte ihm wie immer.

Mein Vater fragte: »Glaubst du wirklich, du bekommst das Geld und die Zinsen wieder zurück?«

Ich sagte: »Ja, er trinkt nicht mehr, er ist anders geworden, er zahlt alles zurück. Er ist wieder normal.«

An diesem Abend ließ ich ihn gehen, ich sah die neue Ladeneinrichtung, ein schönes Schaufenster, das Kunden anzieht; jedes Geschäft braucht viele und gute Kunden.«

Doch ich wollte in dieser Nacht nicht alleine fahren, also fragte ich meine Nachbarin, ob sie nicht mit mir zum Ausliefern fahren wolle. Sie sagte ja, und wir fuhren gegen halb zehn Uhr weg. Wir brauchten nicht lange, konnten bei dem Kunden sofort auf das Gelände zu einem bestimmten Tor fahren und durften dort abladen. Der Nachbarin machte ich den Vorschlag, gleich zum Großmarkt zu fahren und den LKW dort abzustellen, um dann mit meinem PKW nach Hause zu fahren. Ich fragte sie, ob sie noch mit mir bei meinem Mann im Ladengeschäft vorbeifahren wolle, er sei dabei, das Schaufenster zu dekorieren, der Laden gefalle ihr bestimmt mit den neuen Möbel. Wir fuhren in das Geschäft. Es war alles dunkel, das Schaufenster war schon dekoriert, es war niemand zu sehen.

War ich überrascht? Ja, ich war es tatsächlich, denn ich hatte meinem Mann geglaubt.

In meiner Enttäuschung fuhr ich zum Haus seiner Freundin, nicht wissend, ob er dort war oder woanders. Sie wohnte in einem Achtfamilienhaus, ich suchte den Namen und klingelte Sturm. Nach einiger Zeit ging im obersten Stock das Fenster auf, und eine Frau schaute heraus: »Was möchten sie bitte?«

»Könnten sie bitte meinen Mann herunterschicken?«, rief ich.

Sie verschwand, und stattdessen kam Reinhold ans Fenster: »Was willst du von mir?«

»Komm bitte herunter, ich möchte mit dir reden«, rief ich. Als er verneinte, schrie ich hinauf: »Wenn du nicht herunterkommst, werde ich bei allen anderen Nachbarn läuten, und einer lässt mich hinein, dann werde ich innen schreien, lassen sie meinen Mann herunter, dann werde ich sehen, ob du kommst oder nicht, dann könnt ihr die Polizei holen, wegen Ruhestörung, das ist mir jetzt alles egal.«

»Ich komme«, sagte er schließlich, doch er ließ mich lange warten.

Ich überschüttete ihn mit Vorwürfen. »Das ist nicht schön von dir, mich immer und immer wieder anzulügen, aber nun musst du es nicht mehr tun, es war heute das letzte Mal, ich werde mich scheiden lassen, du kannst in Zukunft machen, was du willst. Das ist mein fester Entschluss.«

Ich ließ ihn stehen und ging mit meiner Nachbarin zum Auto. Wir fuhren nach Hause. Ich konnte die Tränen nicht zurückhalten, ich schämte mich so vor meiner Nachbarin und wusste, heute ist etwas kaputt gegangen: die Hoffnung auf eine weitere Zeit mit meinem Mann. Heute war die Entscheidung über mein weiteres Leben gefallen, heute war es das endgültige Aus.

Ich war noch nicht richtig zu Hause, da läutete die Eingangsglocke. Mein Mann stand vor der Tür, und ich ließ ihn herein.

»Bitte lass dich nicht scheiden, bitte, ich mache alles was du willst«, bettelte er.

»Ich brauche Bedenkzeit, jetzt habe ich keine Zeit mehr, ich muss arbeiten.«

Ich nutzte die kommenden Tage und ließ mich beraten. Ich entschied, einen Ehevertrag beim Notar machen zu lassen. Mein Mann war damit einverstanden. Ich durfte das Haus, das noch verschuldet war, behalten. Er hatte sein Vermögen, und niemand brauchte in Zeiten der Not für den anderen aufkommen. Nun war alles geregelt, jeder konnte sein Leben leben, ohne Angst zu verspüren, der andere nehme ihm etwas weg. Wir waren getrennt auf dem Papier und auch in Wirklichkeit. Jeder machte, was er wollte. Ich arbeitete wie eine Verrückte, denn er hat die Rente nicht weiterbezahlt und auch nicht seine Lebensversicherung. Ich erfuhr, dass es mit dem Geschäft bergab ging, was allerdings nicht allein seine Schuld war. Reinhold hatte sehr gute Kundschaft, die gerne für mehrere Tage einkaufte. Für gewöhnlich hielten sie vor dem Haus an, kauften kistenweise ein und luden dann die Ware ins Auto ein, das war sehr komfortabel. Doch dann setzte die Stadt eine Ampel vor das Ladengeschäft, und die Kunden durften nicht mehr anhalten, um einzukaufen. Sie bekamen Strafzettel, und die Folge war, dass das Geschäft zurückging. So kann auch eine Stadt ein Geschäft kaputtmachen ... Reinhold konnte den Kredit und die Zinsen nicht zurückzahlen, er war in Geldnot.

Mein Geschäft dagegen lief hervorragend. Jeder hatte sein Leben, und keiner kümmerte sich um den anderen. Für die Kinder kam ich alleine auf, meine Tochter wurde Krankenschwester und mein Sohn ging ins Internat. Zu Weihnachten stand immer ein Sack mit Geschenken vor der Türe, doch die Kleider, die darin waren, waren immer zu klein ...

Als mein Sohn die Schule mit sechzehn Jahren beendet hatte, fuhr er mit Freunden ins Geschäft meines Mannes. Er nahm sich ein paar Trauben und aß sie auf. Meine Schwiegermutter sah das und sagte: »Na, schämen Sie sich nicht, das dürfen Sie nicht!«

»Doch, Oma«, sagte mein Sohn, »ich darf das.«

»Ich bin nicht Ihre Oma.«

»Doch, du bist meine Oma.«

Sie begriff auf einmal, dass ihr Enkel vor ihr stand, und fragte ihn: »Sind Sie der Francisco?!«

»Ja, Oma, ich bin dein Enkel.«

Er nahm sie in seine Arme und drückte sie, das Eis war gebrochen. Auch meine Tochter ging zu ihr. Und als ihr nächster Geburtstag kam, ging auch ich mit, um ihr zu gratulieren. Sie freute sich so sehr, und ich bekam Gewissensbisse. War das alles richtig, was ich gemacht hatte? War es richtig, so verletzt und nachtragend zu sein? Hätte ich nicht das gleiche gemacht? Auch ich habe immer zu meinen Kindern gestanden ...

Wenn einige Zeit vergangen ist, sieht man vieles anders, doch in der Situation, in der du gerade bist, kannst du nicht nach rechts und nicht nach links schauen, nur geradeaus. Wenn ich sage, Reinhold war ein schlechter Mensch, würde ich lügen. Er half immer den anderen Menschen und hat mich nie geschlagen. Er war krank, er war Alkoholiker. Wenn man am Tage eine Flasche Cognac trinkt, wie kann man da noch unterscheiden, was richtig und was falsch ist, was wahr und was gelogen. Er lebte in seiner eigenen Welt, er suchte Bestätigung bei Frauen und brauchte den Alkohol, um alles zu vergessen. Alkoholismus ist eine Krankheit, und der Alkohol verändert den Menschen. Für Außenstehende ist es nicht leicht, zu helfen. In fast allen Fällen entscheidet der Kranke, was er will und was er nicht will. Doch auch ein Partner kann entscheiden – will er Schrecken ohne Ende oder will er ein Schrecken mit Ende. Mein Mann nahm mir die Entscheidung ab. Damals war es schlimm für mich, doch heute kann ich sagen: Wenn mein Mann mich nicht verlassen hätte, wäre die Türe nicht zugegangen und eine andere hätte sich nicht geöffnet. Ich denke, unser Leben ist uns vorherbestimmt, wir können zappeln wie die gefangenen Fische, denken, wir machen alles richtig, und doch werden es Fehler ...

Ein Pensum von sieben Arbeitstagen können nur wenige Menschen über einen längeren Zeitraum schaffen, dazu braucht man viel Kraft und eine Arbeit, die man liebt und die einem nie zu viel wird. Bei mir ging das über all die Jahre, die ich selbständig war, sieben Tage die Woche; nur bei zwei aufeinander folgenden Feiertagen brauchte ich den ersten Tag nicht zu arbeiten und hatte frei. Die ersten zehn Jahre meiner Selbständigkeit waren sehr schwer, jeden Sommer arbeitete ich bis zwanzig Stunden am Tag und sieben Tage die Woche. Es war eine harte Männerarbeit, die ich als Frau bewältigen musste. In den übrigen Jahreszeiten gab es auch freie Stunden, die die Kollegen und ich nach der Obst- und Gemüseversteigerung (dem Einkauf für den nächsten Tag) in der Wirtschaft verbrachten, um uns die Geschichten zu erzählen, die wir am Tage auf dem Großmarkt erlebt hatten. An einem großen Tisch saßen wir alle zusammen. Es war meistens eine lustige Runde, wir waren sehr laut, und die ganze Wirtschaft hörte mit, wenn wir unsere Geschichten preisgaben. Aber wir hatten alle wenig Zeit, im Sommer so gut wie nie. Wir setzten uns an einen Tisch, aßen schnell zu Mittag, wurden ausgerufen, wenn ein Telefonat kam, und oft war das Essen kalt, bis wir wiederkamen, um weiterzuessen, oder wir hatten keinen Hunger mehr und ließen das Essen stehen. Sofort wurde weiter gearbeitet, die LKWs mussten geladen werden für den nächsten Tag.

Mein Arbeitstag verlief so: Um ein Uhr fünfzehn klingelte der Wecker, sofort ging es raus aus dem Bett: Katzenwäsche, anziehen, die Wäsche lag griffbereit, eine oder zwei Tassen Kaffee, los ging's mit dem LKW zum Großmarkt. Um zwei Uhr waren alle da, die Arbeit begann: LKW abladen und alles in die Reihe stellen, damit die Kunden sofort sahen, was wir zu verkaufen hatten. Der Großmarkt wurde irgendwann umgesiedelt auf einen anderen Platz, es gab keine berittene Polizei mehr, nun war der Markt eingezäunt, und wir hatten größere Plätze, standen aber immer noch im Freien, wenn es regnete, wie in alten Zeiten, alles nass, alles kalt. Die erste Zeit war es so, doch dann ließ ein Kollege ein Gartenhäuschen aufstellen, und alle anderen machten es nach – mit Gasheizung, es war schön warm. Die Rechnungen wurden im Häuschen geschrieben, man kaufte Gasflaschen und hatte natürlich Licht und Gasheizung im Häuschen. Im Winter hatten wir vor dem Häuschen einen Ofen, der mit Heizöl betrieben wurde, die gibt es heute noch auf Baustellen. In einem Haus ist es besser, denn die Wärme bleibt im Raum. Nur wir standen immer noch im Freien, die eine Seite zum Ofen war warm, die andere Seite war kalt. Wir waren das ja gewöhnt, der Winter ging vorbei, das Frühjahr kam. Mit ihm gingen die Temperaturen wieder in die Höhe und alles wurde schöner – das Wetter, die Laune, wunderbar.

Noch hatten wir kein Telefon, und wir brauchten dringend Kühlräume. Mein Schwiegervater war ein guter Kunde bei der Firma Harder und Meiser. Mit dem Chef verstand er sich sehr gut, weshalb ich jeden Tag ein, zwei oder drei Paletten kostenlos in das Kühlhaus stellen durfte. Mein Arbeiter zog die Paletten rüber bis zur Firma, und ein Arbeiter von der Firma Harder und Meiser kam von der Rampe heruntergefahren, hob sie auf die Rampe und zog sie ins Kühlhaus. Die Paletten durften wir jeden Tag bringen.

Eines Tages kam ich morgens auf den Großmarkt, doch es war niemand da, der mir half, mein Fahrer hatte sich nicht krankgemeldet, und niemand war da, der mir helfen konnte. Drei Paletten standen bei der Firma Harder und Meiser, ein LKW voll mit Ware ... Was kann ich alleine machen? Der Staplerfahrer der Firma hatte keine Zeit, sie hatten alle Hände voll zu tun, und ich war alleine. Die drei Paletten holte ich mit dem Hubwagen rüber, sie waren so schwer, und der LKW musste abgeladen werden. Ich war alleine, hatte meine Periode, das Blut lief mir innen die Hosen entlang in die Strümpfe und in die Schuhe, ich hatte nicht mal Zeit zum Weinen, konnte mich nicht frischmachen. Es war so schlimm. Da dachte ich an die Worte meiner Großmutter Rosi: »Merk dir diese Worte immer wieder: Ich will, ich kann und ich muss.« Die Kunden halfen mir abladen, Rechnungen wurden keine geschrieben, nur Lieferscheine.

Der Morgen ging vorbei, und ich konnte fast die gesamte Ware verkaufen. Nur das Leergut musste ich noch zusammenpacken, da kam ein junger Mann und fragte mich: »Hast du Arbeit für mich?«

Ich dachte, den schickt der Himmel, und sagte: »Ja, du kannst sofort anfangen.«

Nach Papieren fragte ich nicht, ich war froh, dass jemand da war, der mir half. Er erzählte mir, er war Kurde, verheiratet, aber seine Frau hatte ihn aus der Wohnung geworfen, und er wusste nicht, was er machen sollte.

»Geh mit mir nach Hause, du kannst bei mir bleiben, bis mein Fahrer, der bei mir angestellt ist, wieder gesund ist.«

Er sprach perfekt deutsch und war ein sehr sympathischer Mann, ich hatte keine Angst vor ihm.

Er schlief im alten Zimmer meiner Tochter im ausgebauten Keller. Ich bin auch mit ihm zu seiner Frau gegangen, und es stellte sich heraus, dass alles, was er mir erzählt hatte, stimmte. Doch die Frau wollte ihn nicht mehr.

Eines Morgens gegen acht Uhr kamen zwei Männer an meinen Stand und fragten mich, ob der junge Mann bei mir arbeiten würde. Er helfe mir, bis mein Fahrer, der krank ist, nächste Woche wiederkommt. Sie wollten wissen, wie lange er schon bei mir arbeitet. Meine Nackenhaare stellten sich auf, das bedeutet Gefahr in Verzug.

»Erdal!«, rief ich ihm zu, »wie lange bist du schon bei mir, drei Tage?«

Er antwortete: »Ja, drei Tage.«

Die beiden Männer waren Kriminalbeamte und nahmen Erdal mit. Nie wieder habe ich etwas von ihm gehört. Doch ich bekam richtig Ärger mit der Polizei. Erdal wollte mir keine Schwierigkeiten machen und sagte aus, dass er drei Tage bei mir gearbeitet habe, ohne Bezahlung. Es stimmte sogar, er hatte noch kein Geld erhalten, ein Bekannter von ihm holte es später bei mir ab, doch der Polizei habe ich gesagt, dass ich mit ihm einen Stundenlohn ausgemacht habe und er dieses Geld auch bekomme. Worauf ich zur Kriminalpolizei einbestellt wurde. Der Polizeibeamte war sehr freundlich zu mir, und ich erzählte ihm, wie es genau gewesen ist. Strafe habe ich keine bekommen; in dem Schreiben, das ich erhielt, wurde mir mitgeteilt, dass ich bei nochmaligem Vergehen eine Strafe zu erwarten hätte zwischen 30.000 und 50.000 D-Mark.

Wenn so etwas über dich hereinbricht, dann musst du etwas ändern. Und das habe ich auch getan: Als erstes machte ich den Stapler-Führerschein und kaufte mir ein Auto mit einer Hebebühne. Der erste Stapler war älteres Baujahr, doch das Auto war neu. Auf Arbeiter war ich dennoch angewiesen, doch im Notfall ging es schneller, wenn ein Stapler da war, ich konnte ein Auto ruckzuck abladen und die Ware hinstellen, sodass sich die Kunden nehmen können, was sie brauchen.

Doch das war noch nicht alles. Ich wollte unbedingt einen Raum, in das ich ein Kühlhaus einbauen konnte. Ich ging zum Marktdirektor und trug ihm mein Anliegen vor, ich brauche unbedingt einen Raum. Er überlege es sich ... Zwei, drei Tage später kam er bei mir auf dem Großmarkt vorbei und erklärte mir, er habe etwas für mich gefunden. Der Zoll hatte eine ganze Boxe, um Papiere auszustellen, eine halbe würde ihm aber reichen. Erfreut sagte ich zu – eine halbe Boxe das reicht, da gingen acht große Europaletten mit Ware hinein, und weil die Boxe hoch war und wir das Kühlhaus mit großer Höhe einbauen konnten passten noch sieben halbe Paletten obendrauf. Das fand ich super, nun war beinahe alles geschafft.

Nur eines fehlte mir noch, ein Telefon, denn Handys gab es zu dieser Zeit ja noch nicht. Wie immer hatte ich Glück. Einen Arzttermin wahrnehmend saß ich im Wartezimmer und las Zeitschriften, da entdeckte ich plötzlich etwas, das mich brennend interessierte: In Amerika ist ein Telefon auf den Markt gekommen, das man in einem Gebäude festmachen konnte und das bis zweihundert Meter Luftlinie Signale senden konnte, wenn kein feststehendes Gebäude die Sicht nahm. Das war ein Telefon für mich!

Bei meinen Eltern wohnte eine Frau, die bei der Telekom arbeitete. Ich ging geradewegs zu ihr und berichtete: »Da gibt es in Amerika ein neues Telefon, das kommt nach Deutschland, der Name ist Sinus, ich muss es haben. Die Basis kommt ins Kühlhaus, und den Hörer kann ich mitnehmen an meinen Stand, es sind Luftlinie keine zweihundert Meter, und es versperrt kein Haus die Funkwellen, ich muss das Telefon unbedingt haben.«

Die Frau versprach mir, alles in Bewegung zu setzen, damit ich das Telefon bekomme. Und es hat geklappt – eines der ersten Telefone, wo man den Hörer mitnehmen konnte, hatte ich erhalten, um es im Kühlraum, wo es Strom gab, anzubringen.

Zwei Tage hatte ich das Telefon in Betrieb, da lief meine Konkurrenz am Stand vorbei und hörte das Telefon klingeln. Der Händler blieb stehen und sagte: »Was, du hast Telefon und ich nicht, das geht gar nicht, ich gehe jetzt sofort zum Direktor, ich will auch ein Telefon haben, er soll das machen, wie er will, ich brauche ein Telefon.«

Wir standen auf dem Freiwettermarkt, und es gab keinen Strom, doch in der Mitte als Abgrenzung standen mittelgroße Bäume. Jeder Stand, der Telefon haben wollte, bekam aus Beton so einen kleinen Pfeiler für den Anschluss, und das Telefonkabel wurde über die Bäume gehängt. Das waren dann die Telefonleitungen, und immer wenn die Konkurrenz vorbeikam und versuchte, mich zu ärgern, sagte ich: »Du bist zwar der größte, doch das erste Telefon hatte ich.«

Nun hatte ich alles, was ich unbedingt brauchte, um richtig arbeiten zu können. Wir bauten noch einen kleineres Lager aus Holz auf den Stand, damit wir, wenn es regnete, die Waren dort hineinstellen konnten, um sie vor der Nässe zu schützen. Jetzt fehlten nur noch mehr Kunden. Und wieder hatte ich Glück. Ein alter Kunde meines Vaters kam vorbei, um ihn zu besuchen. Er wollte ihm Hallo sagen, doch mein Vater arbeitete nicht mehr auf dem Großmarkt, und so kamen wir ins Gespräch. Dabei erfuhr ich, dass eine große Firma, bei der er angestellt war, in der Nähe ein sehr großes Lager aufmachte und er auf der Suche nach Lieferanten war. Da war er bei mir richtig, denn ich brauchte

Kunden! Wir verständigten uns über die Lieferbedingungen, die Zeiten der Anlieferung und über alles, was nötig war, um ins Geschäft zu kommen.

Es dauerte noch ein paar Tage bis zur ersten Lieferung. Diese bestand aus fünf Körben Zwetschgen, es war nicht viel, aber es wurde immer mehr und mehr, manchmal zwei, drei Paletten und manchmal zwanzig bis dreißig Paletten. Zwei LKW hatte ich in der Zwischenzeit, einen Siebenkomma-fünf-Tonner den mein Fahrer fuhr und einen Achtzehn-Tonner, den ich fuhr. Wenn der Großkunde viel Ware bekam, fuhr mein Fahrer zweimal mit dem kleinen LKW zur Lieferung, und ich lud den großen LKW, der nachts zum Großmarkt fuhr. Wir wechselten uns ab mit dem Fahren. Mein Fahrer arbeitete montags bis freitags. Er begann nachts um zwei Uhr und arbeitete den ganzen Tag mit kurzen Pausen; er lieferte ja nicht nur aus – das dauerte zwei bis vier Stunden – , sondern er war auch beim Verkauf auf dem Großmarkt dabei, sammelte das Leergut ein und brachte dieses zu den Gärtnern, lud frische Ware und stellte es zum Großmarkt ins Kühlhaus.

Als es für ihn zu viel wurde, habe ich noch einen Fahrer auf Stundenbasis angestellt, der nur die Lieferungen morgens machte. Wir brauchten den kleinen LKW, um frische Ware zu laden. Mit dem großen LKW fuhr ich zum Erzeugergroßmarkt, um Ware für den nächsten Tag einzukaufen. Ich musste ihn alleine laden, ich kaufte noch bei Gärtnern ein, die ich anfuhr, und nach Hause kamen auch noch Leute, die mir Ware brachten. Und natürlich musste ich die Bücher kontrollieren, damit ich nichts vergaß und Einkauf und Verkauf stimmten. Manchen Fehler habe ich so entdeckt.

In der ersten Zeit verkauften wir auch samstags; wenn die Firma, die ich belieferte, samstags Ware zum Vorrichten brauchte, musste bereits morgens um fünf Uhr ein LKW angeliefert werden. Die Ware musste ich freitags laden. Zuerst wurde auf dem Großmarkt verkauft, das Leergut zu den Gärtnern gebracht, Versteigerung, Annahme per Telefon des Verkaufs der Ware für die Lieferung am Samstag, Sonntag laden der Ware, die ich zum Teil in der Pfalz holen musste, um zehn Uhr abends kam ich zum letzten Gärtner.

Das Treibhaus, wo die Ware gelagert war, befand sich in der Nähe eines Wohngebietes. Einmal luden wir die Ware mit dem Stapler auf die Hebebühne des LKW. Es waren die letzten Paletten, für die ich noch Platz hatte, da braucht man etwas länger, bis sie gerade stehen. Im Dunkeln kam ein Anwohner wutschnaufend auf mich zu, beschimpfte mich, seine Tochter sei krank, ob ich mich nicht schämen würde, abends um zehn Uhr noch so einen Krach zu machen, er rufe die Polizei. Ich blieb ganz ruhig und sagte ihm, er könne die Polizei rufen, aber bis die komme, sei ich schon zu Hause, er müsse entschuldigen. Was hätte ich dem Mann sagen sollen? Seit zwei Uhr heute Nacht arbeite ich schon ohne Unterbrechung, hätte er das verstanden?

Meine Arbeit war nicht nur schwere körperliche Arbeit, sondern auch geistige, denn auf dem Großmarkt schrieb ich die Rechnungen und kassierte das Geld; danach half ich beim Abladen der restlichen Ware, die nicht verkauft wurde, und brachte sie ins Kühlhaus. Ich war für alles verantwortlich, es wurde selbst mir langsam zu viel. Ja, ich machte die Arbeit gerne. Wenn meine Kollegen fragten: »Wem willst du das heute verkaufen, du hast aber viel Ware gekauft«, und ich am Ende eine große Bestellung so gut wie verkauft hatte, da leuchteten meine Augen, und ich war so stolz auf mich selbst.

Samstagsnachmittags hatte ich frei, dann konnte ich mich den Büchern widmen, Rechnungen schreiben, Ware bezahlen, alle diese Arbeiten erledigen, für die unter der Woche keine Zeit blieb. Und sonntags war für mich ein sehr schwerer Tag. Morgens um sechs Uhr aufstehen, mit dem PKW zum Großmarkt fahren, den kleinen LKW nehmen und in die Pfalz fahren zum Gärtner, Kopfsalat und Blumenkohl holen, den LKW zu mir nach Hause bringen, den großen LKW nehmen, zur Versteigerung fahren, am Nachmittag die Ware für den

Großmarkt laden. Abends um neun Uhr zum Kunden fahren, abladen, den LKW zum Großmarkt fahren, mit dem PKW nach Hause. Wenn ich Glück hatte, war ich um elf, halb zwölf zu Hause. Aufstehen musste ich um ein Uhr fünfzehn.

Es war so viel Arbeit, ich konnte nicht mehr. Ich war ausgepowert. Wenn ich ins Bett ging, um zu schlafen, waren die Füße im Bett, und der Kopf schlief schon. Beim Kehren meiner Halle schlief ich stehend auf dem Besen ein, und ich sagte mir wieder, du musst was ändern, das geht so nicht weiter.

Einmal wurde ich bei der Heimfahrt vom Großmarkt nach Hause so müde, ich fing an zu singen, drehte das Fenster runter, damit viel frische Luft hereinkam, doch es half nichts, es gab einen Schlag, und ich wachte auf, es war ein Sekundenschlaf, meine Gedanken waren, wo bist du, liegst du im Graben, bist du auf ein anderes Auto gefahren … Sekundenschnell ging mir alles durch den Kopf. Nein ich saß im Auto, und auf der Windschutzscheibe lag ein großer toter Vogel. Meine Müdigkeit war wie weggeblasen. Ich dankte Gott für seine Hilfe, denn hätte er mir den Vogel nicht geschickt, wäre ein Unglück passiert.

In der Zeit meines Arbeitslebens hatte ich ein paar Erlebnisse mit meinen Fahrzeugen, doch ich hatte immer Glück.

Beim ersten Wagen mit einer Hebebühne, er war gerade einen Tag alt, kamen so rote Lichter zum Vorschein, die ich nicht verstand.

Ich rief die Firma an und fragte nach: »Was sind das für Lichter, die brennen.«

Es fehlte Bremsöl.

Den Wagen holten sie ab, gaben mir ein Leihauto. Das ging drei- viermal so, bis sie den Fehler gefunden hatten. Man kann ohne Bremsöl kein Auto fahren, man kann nicht bremsen. Das Auto musste stehenbleiben, durfte keinen Meter mehr bewegt werden. Ich konnte es nicht wissen, ich bin Kauffrau und kein Mechaniker. Doch im Leben lernt man nie aus, man lernt immer noch dazu, es spielt keine Rolle, wie alt man ist.

Das andere Auto hatte ich auch gerade mal einen Tag vollgeladen. Ich fuhr nachts um halb zwei auf der Autobahn zum Großmarkt, als ohne Vorwarnung auf einmal das Licht ausging. Ich fuhr auf die Standspur und überlegte, was machst du jetzt ohne Licht. Der Motor war es nicht, denn das Auto fuhr. Da es ein Diesel war, konnte ich weiterfahren, nur ausmachen durfte ich den Motor nicht, sonst sprang er mir nicht mehr an, das wusste ich. Auf den Standstreifen konnte ich das Auto auch nicht stellen, es gab kein Blinklicht, es gab nichts, es war alles dunkel. Stehenbleiben konnte ich auch nicht, es half alles nichts. Nur weiterfahren. Also fuhr ich ohne Licht auf der Autobahn ganz langsam im Mondschein die zwanzig Kilometer bis zum Großmarkt. Dort angekommen gab es ein weiteres Problem: Der LKW war voll mit Ware, doch die Hebebühne ging nur mit Strom auf.

Es gab einen Ausweg: Viele der Männer, die auf dem Großmarkt arbeiteten, wollten mir helfen. Einer holte Paletten und stellte sie hinter das Auto, ein anderer holte zwei dicke Seile, die an die Griffe der Hebebühne gebunden wurden. Dann wurde die Hebebühne ganz langsam aufgezogen, das war geschafft. Den Hubwagen hob ich mit dem Stapler auf die Hebebühne, und nun konnten wir den LKW abladen. Nach dem Verkauf wurde der LKW zur Firma geschleppt. Was war passiert? Ganz einfach, die Firma, die den Aufbau gemacht hatte, hat nicht ordentlich gearbeitet, ein Kabel das nicht richtig angebracht war, fiel auf ein anderes Kabel. Masse auf Masse, und der Strom war weg. Die ganze Elektrik war kaputt, und auf Kosten der Firma wurde alles erneuert.

Ein anderes Mal hatte ich nachmittags ausgeliefert (mit dem ersten großen gebrauchten Achtzehntonner, den ich mir gekauft hatte) und fuhr durch ein Dorf, um wieder auf die Autobahn zu kommen. An einem Fußgängerüberweg stand ein kleines Mädchen, das über die Straße gehen wollte. Es war eine Dreißigerzone, und ich fuhr auch nicht schneller. Ich wollte bremsen, doch ich verlangsamte mich kaum. Ich zog die Handbremse. Doch der Wagen bremste nicht. In Sekundenschnelle hupte ich und winkte dem Kind, es solle stehenbleiben. Ich betete, lieber Gott, lass das Kind stehen, lass es nicht über die Straße laufen, bitte hilf mir, dass dem Kind nichts passiert. Bitte, bitte hilf dem Kind und mir, es gibt nichts Schlimmeres für einen Fahrer, als einen Menschen zu verletzen oder zu töten. Und Gott half mir. Das Mädchen blieb stehen und lief nicht über die Straße. Gott sei Dank. Ganz langsam ließ ich den Wagen ausrollen und stellte ihn an der Seite ab. Vor lauter Aufregung zitterte ich am ganzen Körper. Ich hätte nicht weiterfahren können. Im Auto blieb ich eine Weile sitzen, bis ich mich wieder beruhigt hatte. Ich ließ das Auto stehen und rief einen Abschleppdienst. Der Wagen kam in die Werkstatt. Es war eine Kleinigkeit – zwei Schrauben hatten sich gelockert. Zwei Schrauben, und was hatte alles auf dem Spiel gestanden!

Eines Tages sollte ich nachmittags bei einem Gärtner Sellerie holen, wir hatten eine Zeit ausgemacht. Ich konnte den Zeitplan nicht einhalten, da ich nachliefern musste, und kam erst abends um sechs Uhr bei ihm zu Hause an. Es war dunkel, und niemand war zu Hause. Den Sellerie brauchte ich unbedingt, er war schon verkauft für den nächsten Tag. Ich wartete eine Weile, doch als niemand kam, machte ich mich auf den Weg zum Feld und dachte, du bekommst den Sellerie schon alleine auf die Hebebühne. Zuerst suchte ich im Dunklen, wo der Sellerie stand, dann hatte ich ihn gefunden. Der Sellerie stand am Rande des Feldes auf Rollcontainern. Auf einem Container standen fünfzehn Kisten à vierzig Kilogramm. Es waren sechs Container. Ich schob die Container auf den Weg, der voller Gras war, und versuchte die Container mit aller Kraft auf die Hebebühne zu schieben. Es ging nicht. Niemand war da, doch ich brauchte den Sellerie. Alles war dunkel, nur mein Licht auf dem LKW leuchtete. Alles ruhig.

Doch wie oft in meinem Leben hat Gott mir geholfen. Plötzlich stand ein Mann an meinem Auto, es war ein Priester aus dem nahen Kloster, und er sagte: »Darf ich ihnen helfen? Ich sah sie im Lichte des LKW. Wie sie sich Mühe geben, den Sellerie auf das Auto zu schieben, das ist zu schwer für Sie alleine, ich helfe Ihnen.«

Zu zweit haben wir es gerade so geschafft.

Tausendfach habe ich mich bei ihm bedankt und sagte: »Sie hat der Himmel geschickt, denn Gott lässt mich nicht alleine.«

Eines Nachts fuhr ich meinen gewohnten Weg zum Großmarkt. Ich hatte keine fünf Minuten mehr zu fahren, und plötzlich standen auf der Fahrbahn kleine Lichter. Sie sahen aus wie Weihnachtsbeleuchtung. Ich konnte damit nichts anfangen und fuhr einfach weiter. Nach ungefähr fünfhundert Meter stand die Polizei vor der Eisenbahnbrücke. Ein Polizist mit der Kelle in der Hand hielt mich an.

Er fragte: »Wo kommen Sie her?«

Ich sagte: »Von zu Hause aus dem Bett.«

Er fragte: »Haben Sie unsere Lichter nicht gesehen?«

Doch, die hatte ich gesehen, ich konnte mich gerade so durchschlängeln mit dem Auto.

Er sagte: »Sie können hier nicht weiterfahren.«

Ich antwortete: »Ich muss weiterfahren, da drüben ist der Großmarkt, mein Auto ist voll mit Lebensmitteln, wenn ich hier stehen bleibe, geht mir alles kaputt.«

Ich bettelte so lange, bis er mich weiterfahren ließ.

Er sagte: »Bitte fahren sie ganz links.«

Ich fuhr sehr langsam, und im Vorbeifahren sah ich einen toten Mann auf der Fahrbahn liegen. Es musste gerade passiert sein. Dankbar war ich der Polizei, dass sie mich fahren ließ.

Da ich ja jede Nacht den gleichen Weg fuhr, konnte ich die Strecke bald mit geschlossenen Augen fahren, das dachte ich damals und war sehr leichtsinnig. Eines Nachts fuhr ich wieder meinen Weg, und mein Auto war voll beladen mit Johannisbeeren – ohne Paletten und ohne Hebebühne, alles mit der Hand geladen, jeden Zentimeter hatte ich ausgenutzt. Die Ware stand so auf dem Auto, dass kein Zentimeter mehr Platz war, alles ausgefüllt. Ich war frohen Mutes, denn die Ware war ja schon verkauft. Kurz vor dem Großmarkt ist eine Ampel, die war grün, also fuhr ich schneller in die Kurve als üblich. Ich fuhr viel zu schnell in die Kurve, und plötzlich stand mein Wagen auf zwei Rädern, er fiel wieder zurück auf die andere Seite, da stand er wieder auf den anderen zwei Rädern. Er schwankte von der einen Seite auf die andere. Ich betete im Auto, lieber Gott, lass mich nicht umfallen, lass mich nicht umfallen.

Mein Auto fiel nicht um, alles blieb unversehrt. Die Ware blieb wie eine eins stehen, aber nur weil ich jeden Zentimeter ausgenutzt hatte, und so konnte ich die Ware heil beim Kunden abladen.

Nur ich hatte einen Knacks abbekommen, das war sehr viel für mich, nie mehr, wenn eine Ampel grün war, bin ich so schnell in eine Ampel hineingefahren. Und zu Gott habe ich öfters gebetet, nicht nur, wenn ich in einer gefährlichen Lage war.

Einfach so weiter machen ging jedenfalls nicht mehr, es war zu viel Arbeit, zu viel Stress. Mein Kopf rauchte. Zwanzig Stunden arbeiten, und das über Monate und Jahre, das hält kein Mensch aus. Wenn man seine Arbeit liebt, geht vieles, doch irgendwann sagt der Körper stopp. Er wollte nicht mehr und konnte nicht mehr.

Ich musste wieder etwas ändern.

Die Lösung war ganz einfach: Ich machte meinem Schwiegersohn ein Angebot, und er war nicht abgeneigt. Er kam zu mir in meine Firma, und wir gründeten eine GmbH. Wir teilten alles, Arbeit und Gewinn – so war es für mich besser und auch für ihn. Jeder hatte etwas Freizeit, und einer konnte die Arbeit des anderen übernehmen, wenn Not am Mann war. Es war die beste Lösung.

Als der Stress nachließ, kam ich auf andere Gedanken. Plötzlich merkte ich, dass ich alleine war. Wie gern hätte ich einen Partner gehabt. Doch woher nehmen, wenn nicht stehlen ...

Eine Bekannte gab mir die Adresse und die Telefonnummer einer Wahrsagerin. Dort rief ich an, ließ mir einen Termin geben. Mit einem komischen Gefühl ging ich zu ihr. Doch die ältere Dame war sehr freundlich zu mir gewesen, sodass die Angst, die ich vor dieser Unterredung gehabt hatte, wie weggeblasen war.

Was fragt man, wenn man zu einer Wahrsagerin geht? Lerne ich einen Mann kennen und wenn ja, wann?

Ja, ich würde einen Partner finden, und ich würde sehr glücklich sein. Das Geschäft würde weiterlaufen, mit meinen beiden Kindern wäre ich sehr zufrieden. Es würde alles in Ordnung gehen, so wie ich es mir wünschte.

Ich war überglücklich. Nur den Zeitplan konnte Sie mir nicht verraten.

Eine Frage hatte sie noch: »Möchten Sie überhaupt einen Mann kennenlernen?«

Verwundert über die Frage gab ich ihr zur Antwort: »Was denn sonst, ich kenne nur Männer.«

Selig ging ich nach Hause. Jemanden kennenlernen, der mich versteht und der mich so mag, wie ich bin, das wäre schön. Es hieß abwarten, was auf mich zukommt.

Ungefähr ein halbes Jahr später machten Gärtnerfreunde und ich aus, nach Paris zum Frühstücken zu fahren. Meine Freunde sprachen perfekt englisch, und das Lehrmädchen sprach englisch und französisch. Um zwölf Uhr nachts fuhren wir los, um acht Uhr waren wir in Paris. Wir stürmten in das erste Café hinein, sechs Personen, das war so schön, etwas anderes, nicht nur Großmarkt und Kundschaft ... ganz Paris lag uns zu Füßen. Mitten in der Stadt ist ein großer Platz vor dem Rathaus, da waren viele Gaukler und Darsteller und alle möglichen Menschen. Ich lief herum und staunte. Nach einer Weile entdeckte ich eine ältere Dame auf einem kleinen Schemel. Sie hielt Ausschau nach Kundschaft.

»Komm, wir gehen zu ihr«, bat ich Henriette. »Wenn wir schon in Frankreich sind, kann mir auch eine Französin die Zukunft voraussagen. Bitte geh mit mir zu dieser Frau!«

Die Frau sprach nur Französisch, konnte kein deutsch.

»Du kannst es mir ja übersetzen, du sprichst doch so gut französisch.«

Sie ließ sich überreden.

Die Frau nahm meine Hand, schaute sich meine Linien an und erzählte mir aus meinem Leben, genau wie diese Frau in Deutschland, bei der ich war, um mir meine Zukunft voraussagen zu lassen. Sie sprach von großen Geschäften, die ich mit Frankreich machen würde. Zu dieser Zeit konnte ich mir darunter nichts vorstellen, überlegte noch tagelang, was das für Geschäfte sein könnten.

Es kommt im Leben, wie es kommen muss. Kein Mensch ändert etwas daran, was vorherbestimmt ist. Feldsalat habe ich immer viel verkauft, auch schon als ich noch mit einem Fahrer meinen Betrieb geleitet habe. In Erinnerung ist mir der Monat September in einem Jahr geblieben, da habe ich jedes Wochenende bis drei Tonnen verkauft. Drei Tonnen – wie viel das ist, kann sich kein Mensch vorstellen, das sind dreitausend Kilogramm. Die Ware muss bestellt, abgeholt, ausgeliefert und auf dem Großmarkt verkauft werden, und diese Arbeit wurde von meinem Fahrer und mir zu dieser Zeit ganz alleine gemacht. Die Geschäfte, die ich schließlich mit Frankreich machte, waren auch Feldsalat. Durch Zufall hatte ich die Adresse einer Firma in Nantes bekommen. Wir machten einen Ausflug nach Frankreich in die Gegend, wo Feldsalat angebaut wurde, suchten die Firma auf und kamen ins Geschäft. Sattelschlepper voll mit Feldsalat bekamen wir aus Frankreich, tatsächlich liefen die Geschäfte sehr gut.

Was diese Frau aus Paris mir erzählt hat, ist also eingetroffen. Und sie sagte noch etwas, das mir bis heute im Gedächtnis geblieben ist: »Liebe kann auch schön sein, ohne verheiratet zu sein.«

Sie sagte, ich würde einen Partner kennenlernen in der Nähe des Äquators.

In Urlaub und ans Meer gehen, diesen Traum hatte ich ja schon mit zehn Jahren, seit ich damals im Krankenhaus lag und Bücher von der ganzen Welt las. Diesen Traum habe ich auch heute noch, das Meer hat mich noch immer im Bann. Stundenlang kann ich am Meer sitzen und auf die Wellen schauen oder am Meer entlanglaufen, es ist wunderschön. Bei jeder Gelegenheit schaute ich mir im Fernseher die Sendungen an, in denen das Meer im Vordergrund stand, und ich hatte Sehnsucht nach fremden Ländern. Fernweh nennt man das. Ich durchstöberte viele Kataloge, und an einer Reise kam ich nicht vorbei. Mein nächster Urlaub wird ein Kururlaub. Ich fliege nach Sri Lanka und mache eine Ayurvedakur. Drei Wochen Sri Lanka.

Fest entschlossen und nach Absprache mit meiner Tochter und meinem Schwiegersohn ging ich ins Reisebüro, um diese Reise zu buchen. Es würde Anfang Februar losgehen. Der Februar war der ruhigste Monat im ganzen Jahr, und ich brauchte mir keine Sorgen zu machen über mein Geschäft, denn mein Schwiegersohn und meine Tochter würden mich würdig vertreten. Gesagt getan, am fünften Februar ging es los, ich flog nach Sri Lanka, ganz unten im Süden stand mein Hotel. Der Frankfurter Flughafen war supermodern, alles neu und alles schön, die Autobahn, die Straßen zum Flughafen, alles sauber.

Ich kam in Colombo an, und es war eine andere Welt für mich. Die Straßen zum Hotel waren mit Löchern übersät, man musste sich festhalten, wenn man nicht aus dem Sitz fallen wollte. Der Bus war alt, und das Hotel – ich hatte es mir anders vorgestellt. Auf den Bildern sah es ganz anders aus. Man gab mir meinen Zimmerschlüssel, der Boy nahm mein Gepäck, und wir gingen in den ersten Stock. Das Zimmer war sauber, doch es war etwas primitiv. Was hatte ich mir eigentlich vorgestellt? Ein Fünf-Sterne-Hotel hatte ich nicht gebucht, und es war auch keines vorhanden. Die Türen der Schränke konnte man nicht schließen, sie gingen immer wieder auf. Der Nachttisch war schon halb zerbrochen, aber das Bett war in Ordnung. Ich ging zum Balkon, schaute hinunter zum Meer. Ich war fest entschlossen, nach drei Tage wieder abzureisen, ich hatte mir alles ganz anders vorgestellt. Drei Wochen, nein, drei Wochen, die konnte und wollte ich nicht hierbleiben. Traurig stand ich auf dem Balkon und wusste nicht, wie ich mich verhalten sollte, was sollte ich hier?

Nachdem ich eine Weile unsicher und bewegungslos stand, hörte ich vom Nachbarbalkon eine Stimme, die mich ansprach: »Entschuldigen Sie, geht es Ihnen gut? Haben Sie Schmerzen, ist mit Ihnen alles in Ordnung?

Ich sagte: »Ja, mir geht es gut, ich fühle mich nur so verlassen und komme mit der Situation nicht zurecht.«

Sie fragte: »Möchten sie kurz zu mir rüberkommen, wir rauchen eine Zigarette zusammen.«

Nichts war mir lieber als das, nur jetzt nicht alleine sein. Ich ging rüber ins Nachbarzimmer zu der Frau, und wir saßen auf dem Balkon und unterhielten uns. Sie bot mir eine Zigarette an, doch ich rauchte ja nicht. Die Frau hatte eine angenehme Stimme, und sie hörte mir zu. Ein, zwei Stunden gingen so schnell vorbei, es war Zeit für das Abendessen.

»Wenn sie möchten, dürfen Sie an meinem Tisch Platz nehmen«, bot die Frau mir an.

Erfreut, dass ich nicht alleine an einem Tisch sitzen musste, sagte ich sofort ja. Wir machten uns fertig für das Abendessen und verabredeten uns fünfzehn Minuten später in der Lobby. Wir waren beide etwas früher fertig, und wir gingen gemeinsam zum Abendessen.

Es war ein sehr schöner Abend, doch nach Hause wollte ich immer noch. Am nächsten Tag kam eine Ärztin, die Diagnosen für jeden Neuzugang machte, und es wurde besprochen, welche Anwendungen ich erhalten sollte und was für Pillen ich nehmen musste. Jeden Tag drei Liter warmes Wasser war die Empfehlung.

Die Anwendungen waren so etwas von angenehm! Jeden Tag eine Stunde Synchronmassage – eine Ganzkörpermassage bei der zwei Therapeutinnen gleichzeitig massieren. Wenn man Nähe zulässt, ist das die schönste Massage, die es gibt. Jeden Tag eine Stunde, von dieser Massage schwärme ich noch heute. Danach mussten wir ins Freie in eine Badewanne steigen. In dieser wurden wir mit Kräuterwasser abgewaschen, danach ging es in den Garten, wo Liegen standen. Wir wurden in weiße Tücher eingehüllt, legten uns auf die Liegen und entspannten uns. Die Badewanne stand im Freien, eine kleine Mauer schirmte uns von den Blicken anderer Gäste ab. Das Kräuterwasser stellten sie selbst her. Im Garten stand ein kleiner Ofen, der mit Holz beheizt wurde und auf dem ein großer Topf mit Wasser stand. Das Wasser wurde erhitzt, und die Kräuter darin wurden ganz langsam gekocht. Mit diesem Sud wurde, wenn er etwas abgekühlt war, das Sesamöl von uns abgewaschen.

Das Ritual erinnerte mich an die Zeit, als wir noch keine Badewanne hatten und in der Küche Badetag war. Das Meer tat mir gut, die Luft war gut, und ich ging jeden Tag schwimmen. Das Wasser hatte dreißig Grad, es war wie in einer Badewanne in Deutschland.

Die Frau traf ich jeden Tag beim Essen, sie hat mir das Du angeboten.

»Ich heiße Inge«, sagte sie.

»Und ich heiße Maria«, sagte ich.

Wir verstanden uns so gut, jeden Tag wollte ich weniger nach Hause. Nachmittags gingen wir beide am Meer spazieren und tranken in einem ungefähr 500 Meter weiter gelegenen Restaurant Kaffee und Tee. Wir unterhielten uns, und es wurde immer schöner für mich. Wir gingen zusammen schwimmen, und abends liefen wir einen kleinen Trampelpfad zum nächsten Restaurant. Bei dem kleinen Trampelpfad gab es kein Licht, und wenn der Mond nicht schien, mussten wir im Dunkeln laufen.

Inge nahm mich bei der Hand, hielt meine Hand ganz fest, damit ich nicht stolpere. »Wenn wir fallen, dann fallen wir gemeinsam«, sagte sie.

Das Restaurant lag am Meer, davor stand ein großer Baum, unter dem Tische und Stühle standen. Die Tische waren mit kleinen Lichtern dekoriert. Es kamen viele Menschen hierher, Einheimische und viele Touristen. Die Leute tranken und aßen Fisch und Meeresfrüchte, es war viel Betrieb, und es war lustig, laut und schön.

Mit Inge verstand ich mich immer besser, und manchmal hatte ich so ein komisches Gefühl. Ich verstand das selbst nicht, ich verstand dieses Gefühl nicht, was war das? Ich freute mich, sie zu sehen, und wenn sie nicht da war, hatte ich Sehnsucht nach ihr. Ich wollte in ihrer Nähe sein, ihr zuhören, wenn sie erzählte. Sie konnte so wunderbare Geschichten erzählen, sie war eine so intelligente Frau. Sie arbeitete bei einer großen Zeitung und war Chefin der Nachrichtenzentrale, sie wusste über alles Bescheid. Alles, was man wissen wollte, war für sie kein Problem. Wenn sie es nicht sofort wusste, nahm sie ein Buch zur Hand, blätterte darin, und die Antwort kam sofort. Für mich war das alles neu. Es war etwas mit mir geschehen, das ich noch nicht verstand. Inge war eine Frau, und sie gefiel mir so, als wäre sie ein Mann.

Ich konnte das nicht verstehen, und ich sagte ihr: »Warum bist du kein Mann? Wenn du ein Mann wärst, wollte ich dich unbedingt haben, so einen Mann wie dich hätte ich gerne.«

Inge lachte nur und gab mir keine Antwort.

Diese Kur war etwas, das ich noch nie erlebt hatte. Wir hatten mit mehreren Frauen Freundschaften geschlossen und machten Ausflüge in die Umgebung. Inge suchte die Ziele aus und organisierte die Autos. Wir waren ausgelassen. Mein Geschäft war weit weg, kein Gedanke war in Deutschland. Für mich gab es nur Inge. »Mit dir reise ich bis ans Ende der Welt«, sagte ich immer zu ihr.

Was war geschehen? Ich hatte mich in eine Frau verliebt, ohne es zu wissen. Inge gab mir keinen Anlass, dass ich es merkte, ich wusste es selbst nicht, ich wusste nur, dass ich in ihrer Nähe sein wollte und ihr zuhören, sie beim Erzählen anschauen, mit ihr lachen, Dummheiten machen, Kaffee trinken, spazieren gehen, schwimmen wollte – all das, was ich mir von einem Mann erträumt hatte. Aber sie war eine Frau, und dass man auch eine Frau lieben kann, das wusste ich damals noch nicht. Inge flog fünf Tage vor mir nach Hause. Wir hatten die Telefonnummern und die Adressen ausgetauscht und uns gegenseitig versprochen, einander anzurufen, wenn wir zu Hause sind, und uns zu besuchen.

Inge war bereits zu Hause, das hatte ich anhand der Flugzeit ausgerechnet. Ich lief ohne sie herum wie ein Hund ohne Schwanz, der nicht wedeln konnte. Ich war so einsam wie vorher, als ich Inge noch nicht kannte, und dann rief ich sie an. Sie verstand mich erst noch nicht, weil die Verbindung so schlecht war. Ich legte auf und rief nochmals an.

»Hallo Inge, du fehlst mir so«, sagte ich ihr.

»Wenn du nach Hause kommst, werde ich dich besuchen, versprach sie mir.

Inge lebte alleine, war nicht verheiratet, und ihre beste Freundin war zwei Jahre zuvor gestorben, das hatte sie mir erzählt. Wenn ich etwas von Frauenpartnerschaften verstanden hätte, wäre mir aufgefallen, dass sie mit einer Frau zusammengelebt hat, doch ich verstand doch von Frauen nichts, ich wusste nur, ich möchte mit Inge zusammen sein. Wie das werden sollte, wusste ich nicht. Man kann mit dem Kopf denken und mit dem Herzen. Bei Inge war mein Verstand ausgeschaltet, bei Inge dachte ich nur mit meinem Herzen. Jeden Abend rief ich sie an, oder sie rief mich an. Wir unterhielten uns immer sehr lange am Telefon und verstanden uns immer besser.

Meine Mutter lebte zur Zeit bei mir im Haus, sie war gefallen und wollte nicht mehr alleine in ihrem Haus bleiben. Es war auch sehr schwer für sie, sich selbst zu versorgen, sie wollte und konnte nicht alleine sein. Doch nun hatte ich ein Problem – wie konnte ich meiner Mutter erklären, dass ich eine Frau kennengelernt hatte und sie mir gefiel, dass ich gerne mit dieser Frau zusammenleben würde? So etwas hätte sie nicht verstanden und wäre sehr böse mit mir gewesen. Was sollte ich jetzt tun? Mütter haben einen sechsten Sinn, und sie merkte bald, dass etwas nicht stimmte, zumal Inge und ich jeden Abend telefonierten, und ich dann sehr fröhlich war. Ja, ich war verliebt, und das sah man mir an, und meine Mutter bemerkte das sofort.

Inge versprach mir, mich zu besuchen. Sie kam an einem Samstagnachmittag, und ich holte sie am Bahnhof ab. Wir fuhren nach Hause. Ein Eisbrocken hätte nicht kälter sein können als meine Mutter, es war nicht zu übersehen. Und Inge fühlte sich nicht wohl bei mir zu Hause. Telefonisch mietete sie sich in der nächsten Stadt in einem Hotel ein, sie wusste wie Mütter sein können. Inge war eine kluge Frau. Sie war elf Jahre älter als ich und im Leben sehr erfahren. Sie war mir weit voraus, mein ganzes Leben bestand ja von morgens bis nachts nur aus Arbeit, es war immer die gleiche Arbeit, auch wenn kein Tag dem anderen glich und immer etwas los war. Als Inge in mein Leben trat wurde alles ganz anders. Erstens war ich bis über beide Ohren verliebt, zweitens suchte ich jemanden, an den ich mich anlehnen konnte. In meinen Gedanken war diese Frau diese Person, die ich mir schon immer gewünscht hatte, in Gedanken und in Wirklichkeit.

Meine Mutter jedenfalls war richtig sauer, sodass wir beide uns beeilten aus dem Haus zu kommen.

Wir gingen in das Hotel, tranken gemütlich Kaffee, nahmen das Abendessen im Hotel ein und gingen dann auf ihr Zimmer. Wenn ich zurückblicke, hatte ich Angst, schreckliche Angst. Ich zitterte am ganzen Körper, und doch wollte ich das erleben, was ich erleben sollte. Inge war eine wunderbare Frau, sie verführte mich, und ich ließ es geschehen. Ich wollte es unbedingt. Es war eine Liebesbeziehung – intim, emotional, eine erotische Anziehung voll gegenseitiger Liebe, auch sexuellem Verlangen – es war eine Nacht, wie ich sie noch nie in meinem ganzen Leben erlebt hatte. Diese Zärtlichkeit, die man nur durch eine Frau erfahren kann. Es war eine Nacht voll Vertrauen, es war die schönste Nacht in meinem ganzen Leben. Eine solche Nacht kann und will man nie vergessen. Danach wollte ich Inge haben, für immer haben, ich war so verliebt. Und auch Inge hatte sich nach dieser wunderschönen Nacht richtig in mich verliebt, auch sie wollte bei mir sein.

Nur meine Mutter war dagegen. Als ich am nächsten Morgen früh nach Hause kam, war die Hölle los. Meine Mutter schimpfte mit mir, sie erlaube es nicht, dass ich so lange aus dem Hause bin, wo hast du dich in dieser Nacht mit dieser Frau herumgetrieben, sie erlaube mir nicht, nochmals eine Nacht wegzugehen.

Ganz ruhig gab ich ihr zur Antwort: »Mutter, ich bin jetzt dreiundfünfzig Jahre alt und alt genug, um zu wissen, was ich machen soll und machen darf. Es geht zu weit, mir in meinem Alter noch Vorschriften machen zu wollen. Du warst heute Nacht nicht alleine. Es ist eine Frau bei dir aus Polen, die für dich sorgt. Wenn etwas nicht in Ordnung ist, kann sie mich immer erreichen, und du hast dein Zuhause nicht bei mir, du hast ein eigenes Haus, das so steht, wie du es vor vier Jahren verlassen hast, seit du in dieser Zeit bei mir bist.«

Mir war klar, dass ich wieder etwas ändern musste, denn meine Freundin kam mich nicht mehr besuchen, und ich wollte meine große Liebe nicht aufs Spiel setzen, nur weil meine Mutter eifersüchtig war und etwas gegen Frauen hatte. Das verstand ich sogar, wenn ich Inge nicht kennengelernt hätte, würde ich auch nicht verstehen, dass man eine Frau lieben kann. Die Gefühle die man für eine Frau empfindet, sind nicht anders als für einen Mann, ich glaube wenn man liebt, gibt es keinen Unterschied, die gibt es nur in den Köpfen der Menschen, die glauben, so etwas sei schmutzig. Wenn man so etwas noch nicht erlebt hat, kann man es schlecht verstehen. Aber ich wollte doch auch glücklich sein, mich anlehnen, nicht immer alles alleine entscheiden müssen, zu zweit spazieren gehen, in ein Lokal zum Essen gehen, nachmittags Kaffee trinken oder Tee, stundenlang reden, zu zweit die Sterne betrachten und den Sonnenuntergang, schwimmen gehen, ins Theater gehen, all das machen, was für ein Paar ganz selbstverständlich ist und das ich so vermisst habe, und nun wollte mir meine Mutter das nicht gönnen. Ich wehrte mich dagegen, nein, diesmal mache ich, was für mich richtig ist, diesmal mache ich, was mir mein Herz sagt. Nein, diesmal nehme ich keine Rücksicht, nein, diesmal mache ich, was ich will. Achtzehn Jahre war ich allein, und ich sehnte mich nach Liebe und Zärtlichkeit, nach dem Partner der mich genau so liebte, wie ich war, der nicht sagte, du bist zu dick, sondern der zu mir sagte, ich will dich, so wie du bist, du bist die, auf die ich mein ganzes Leben gewartet habe, auf diesen Partner werde ich nicht verzichten, nein, auch wenn ich meiner Mutter wehtue. Ich hatte große Zweifel, ob ich das Richtige tue, nicht wegen Inge, nein, nur wegen meiner Mutter. Sie hatte ein großes Haus, sie hatte eine Frau, die Tag und Nacht bei ihr war und sie versorgte; sie war nicht allein, musste nicht ins Heim, sondern konnte in ihrem eigenen Haus bleiben. Fast jeden Tag schaute ich nach ihr, und wenn ich keine Zeit hatte, rief ich sie an. Wenn eine Pflegerin nach Hause ging, kam eine andere, die meisten blieben fünf bis sechs Monate. Ansonsten war ich für alles da, besorgte die größeren Einkäufe und kümmerte mich auch um das Finanzielle. Ich schaute nach meiner Mutter, aber meine Wohnung hatte ich allein, und ich konnte machen, was ich für richtig hielt. Ich brauchte keinem Menschen Rechenschaft abgeben. Gearbeitet habe ich nach wie vor, doch jedes zweite Wochenende hatte ich frei. Solange meine Mutter noch lebte, fuhr ich übers Wochenende meistens zu Inge, denn in der Großstadt war es anonymer als einem kleinen Dorf. Die Nachbarn schauten schon etwas komisch, wenn Inge zu mir kam, sie machten Witze doch das störte mich alles nicht. Aber Inge sagte immer zu mir: »Maria, die Menschen können grausam sein. Komm lieber zu mir. Ich gehe wieder nach Hause, aber du musst mit ihnen leben.«

Sie hatte Recht. Inge brachte mir immer Bücher mit, und wenn ich frei hatte und sie zu mir kam, gingen wir auf Flohmärkte, um sie und andere ältere Sachen zu verkaufen. Einmal fiel mir bei der Durchsicht der Bücher ein kleines blaues Buch ins Auge. Ich nahm es heraus und blätterte darin. Es handelte von einem Rabbi, der sagte, wenn viele Menschen das nahe Ende des Lebens spüren, dann bitten sie Gott, sie doch noch eine Weile leben zu lassen, sie hätten in ihrem Leben doch nur gearbeitet und nicht gelebt. Als ich das las, sagte ich zu mir: Maria, du hast in deinem ganzen Leben nur gearbeitet, nun bittest du Gott auch, er möge dich noch eine Weile leben lassen, damit du und deine Freundin eine Weile zusammenleben können, ich meinte richtig leben, nicht mehr nachts auf den Großmarkt und den ganzen Tag arbeiten und nur alle zwei Wochen ein Wochenende zusammen sein. Ich möchte in Urlaub fahren und all diese Sachen machen, die ich mir vorgenommen habe. In mir reifte ein Plan: Gib deiner Tochter und deinem Schwiegersohn die Firma und versuche zu leben!

Es ging nicht so schnell, wie ich wollte, doch es kam alles nach und nach. Inge ging bei sich zu Hause jede Woche in eine Altengruppe, sie betreute dort ehrenamtlich ältere Menschen. Sie war in Rente und half gerne, denn sie hatte Zeit, und die Leute freuten sich immer, sie zu sehen. Es waren noch mehr ehrenamtliche Helfer, die sich untereinander angefreundet hatten, so auch eine Studienrätin mit ihrer Schwester. Die beiden hatten in Indien eine Wohnung gemietet in der Provinz Goa. Sie verbrachten ein paar Monate dort, bezahlten aber die Wohnung für das ganze Jahr.

Inge war sehr interessiert an dieser Wohnung und fragte mich: »Willst du mit nach Indien, nach Goa, ganz unten an der Spitze? Die Wohnung liegt nahe am Meer.«

Ich war begeistert, Indien, das Meer, wunderbar, ich gehe mit. Inge machte alles perfekt, buchte die Flüge. In Bombay würden wir umsteigen und eine kleine Maschine nehmen müssen, alles kein Problem.

Das Problem war meine Mutter: Für gewöhnlich wurde sie krank, wenn ich für ein paar Tage in Urlaub ging und ich es ihr erzählte, nur weil sie Angst hatte, es würde mir etwas passieren und sie wäre dann allein.

Diesmal machte ich es anders. Ich besorgte den großen Einkauf wie Waschpulver und alle Lebensmittel, die man lagern kann, und erst zwei Tage, bevor wir nach Indien flogen, beichtete ich meiner Mutter dass ich in Urlaub flog. Dabei verschwieg ich ihr, dass ich vier Wochen weg sein würde und versprach ihr, jeden zweiten Tag anzurufen, damit sie weiß, wie es mir geht. So schnell konnte sie nicht krank werden, es war Glück. Ich hielt mein Wort und rief jeden zweiten Tag zu Hause an, und sie blieb gesund. Meine Schwester schaute nach meiner Mutter, es war alles in Ordnung.

Nun konnte unser erster gemeinsamer großer Urlaub beginnen, ich freute mich so sehr. Der Flug war lange und sehr angenehm. Wir waren zu zweit, ein Traum ging für mich in Erfüllung. Zu zweit am Meer sein, nicht alleine rumlaufen, sondern gemeinsam mit einem Menschen, der mich liebte, es war so schön.

Bombay war unser erster Stopp. Wir landeten sehr spät abends, es war schon dunkel. Inge sprach etwas englisch, fragte sich durch, wo unsere nächste Maschine stand, und auch um wie viel Uhr wir weiterfliegen konnten. Wir hatten Zeit und konnten es gemütlich angehen lassen. Es kamen zwei junge Männer auf uns zu, die uns die Koffer tragen wollten; der eine holte einen Kofferwagen, und sie luden sie darauf. Wir gingen aus dem Flughafen, weil wir nicht genau wussten, wo der andere Flughafen war. Wir liefen und liefen die Straße entlang, an vielen Taxis vorbei. Es wurde immer dunkler und einsamer.

Mir wurde ganz unheimlich, und auch meine Freundin sagte: »Da stimmt irgendwas nicht.«

Immer wieder fragte sie die jungen Männer, ob das wirklich der Weg zum Flughafen war.

Sie sagten ja, und weiter.

Nun war Inges Geduld am Ende, sie riss den jungen Männern den Wagen aus der Hand und sagte: »Wir gehen jetzt zurück, und wenn sie mitgehen und die Koffer schieben, gibt es Geld, sonst gibt es nichts.«

Endlich waren wir wieder in der Nähe der ersten Taxis, und die zwei getrauten sich nicht, irgendetwas anderes zu machen als den Wagen zu schieben. Wir hätten sonst geschrien wie die Wilden, ob es was genützt hätte, wussten wir damals nicht. Aber wir kamen heil in den Flughafen zurück, Inge fragte nochmals nach dem anderen Flughafen, und siehe da, er war ein Stockwerk höher. Die zwei jungen Männer standen nur da, lachten und freuten sich, dass sie uns solch einen Schrecken eingejagt hatten. Und wir waren froh, wieder im Flughafen zu sein. Inge hat beiden Geld gegeben. Uns war nichts passiert, was nützt das bisschen Geld, wenn sie uns ausgeraubt hätten.

Wir konnten unsere Reise fortsetzen und kamen sicher an unser Ziel. Ein Taxi brachte uns zu dem Haus der Besitzerin der Wohnung, und wir waren angenehm überrascht. Das Gelände, auf dem das Haus stand, war sehr groß; wenige Meter weiter stand ein kleiner Turm, nicht hoch, in dessen zweitem Stock sie die Wohnung befand. In der Wohnung gab es zwei Schlafzimmer, eine offene Wohnküche und ein Badezimmer sowie ein Ankleideraum und einen großen Flur, der zum Eingang führte. In jedem Schlafzimmer stand ein großes Doppelbett, und jedes Bett hatte ein Moskitonetz, das wir gut gebrauchen konnten, denn Moskitos gab es viele. Es war eine sehr schöne und immer noch preiswerte Wohnung, wir wohnten dort sogar mit Halbpension. Morgens kam ein Mann mit einem Fahrrad und klingelte ganz laut. Dann wussten wir, jetzt kam das Frühstück. Er brachte die Brötchen, die so ähnlich waren wie in Deutschland die Dampfnudeln. Sie schmeckten köstlich und waren so gut, wie meine Mutter sie gebacken hat, als sie noch backen konnte, dazu gab es Kaffee. Die Eigentümerin brachte uns das Frühstück in die

Wohnung. Eine meiner Leidenschaften ist essen, dafür muss ich auch meine vielen Kilogramm mit mir herumschleppen. Die Dampfnudeln schmeckten so lecker, und ich fragte die Frau, ob ich nicht eine zweite haben könnte. Sie schaute mich an und sagte auf Englisch, nein, es gibt keine zweite. Ich wolle sie nicht umsonst, ich würde die zweite bezahlen. Sie sagte nein.

Es ließ mir keine Ruhe, warum ich keine zweite Dampfnudel bekam, und am nächsten Tag fragte ich sie: »Warum bekomme ich keine zweite?«

Sie sagte: »Ganz einfach, sie sind dick genug«, eine reicht.

Fertig, es gibt nicht mehr. Ich muss ganz dämlich geschaut haben, aber was soll man machen, nichts.

Als die Frau wieder zurückgegangen ist, fing meine Freundin an zu lachen. Jetzt musst du damit fertig werden, eine und dann ist Schluss. Wenn die Frau gewusst hätte, was ich alles noch am Tage aß, hätte ich abends nichts mehr zu essen bekommen, wir hatten ja Halbpension. Es war so billig, dass wir uns geschämt haben, doch wir durften nicht mehr zahlen, Inge hatte der Frau in Deutschland versprechen müssen, dass wir nicht mehr zahlen, sonst hätten wir die Wohnung nicht bekommen.

Aber außer der Wohnung gab es noch mehr zu sehen und zu erleben, es war ein Traum. Zum Strand hatten wir ungefähr zehn Minuten zu laufen, es war ein Traumstrand. Es gab wenige kleine Buden, wo man etwas zu essen und zu trinken bekam, und es gab Liegen zum Relaxen. Ich nahm auf einer der Liegen Platz, doch es macht rums, und die Maria lag auf dem Boden. Die Liege war kaputt.

Vor lauter Schreck sprang ich auf: »Oh Gott, Inge, was machen wir jetzt?«

Sie sagte: »Ich mache das schon, bleib ganz ruhig.«

Alle haben sich das Lachen über mich zurückhalten müssen und die Hände vor den Mund gehalten, wie ich so da lag und dann aber sofort hochgesprungen bin. Inge lachte natürlich mit, und sofort entspannte sich die Situation. Die Leute fragten Inge, wie lange wir hierbleiben würden, und sie sagte, vier Wochen, wir bezahlen die Liegen vier Wochen lang, auch wenn wir nicht jeden Tag hier sind. Damit waren die Betreiber einverstanden. Inge konnte alles so wunderbar regeln, und ich verstand jeden Tag mehr, warum ich sie so liebte.

Am nächsten Tag kamen wir zum Strand und sahen, dass an der Bude zwei neue Liegen standen. Es waren keine gekauften Liegen, sondern selbstgemachte, mit einem großen Rahmen, in dem ein ungefähr fünf Zentimeter dickes Brett eingearbeitet war, das man zusammenklappen konnte; unten die beiden Stützen waren angeschweißt, und der Rahmen war sogar mit Menning gestrichen, damit er nicht rostet. Über Nacht haben sie die Liegen gebaut, unglaublich ... Wir haben beide dumm aus der Wäsche geschaut. »Jetzt hast du die richtige Liege, die kannst du nicht mehr kaputtmachen«, meinte Inge. Wunderbar habe ich darauf geschlafen, sie war stabil, und mir konnte nichts mehr passieren.

Jeden Morgen, wenn wir am Strand waren, kamen die Fischerboote zurück und brachten den Fang nach Hause. Die Leute gingen zu den Booten und kauften die frisch gefangenen Fische. Auch unsere Budenbesitzer kauften Fische. Inge und ich waren neugierig und schauten uns die Fische an, die im Meer gefangen wurden. Inge fragte, ob sie auch einen Fisch zubereiten würden. Sie sagten: »Ja natürlich, Sie bestellen das Essen, wir machen das zu Hause und bringen es Ihnen an den Strand.« Wir bestellten Tintenfisch mit Reis, und später brachten die Kinder das Essen. Solch einen guten Tintenfisch hatte ich in meinem ganzen Leben noch nie gegessen, und egal, wo ich Tintenfisch aß, bekam ich nie mehr einen solchen Fisch. Sie hatten den Fisch mit Kräutern gekocht, es schmeckte so gut, dass ich jeden Tag, wenn wir am Strand lagen, eine Schüssel Tintenfisch aß.

Inge hatte nie einen so großen Hunger wie ich, sie rauchte sehr viel und aß sehr wenig. Sie saß bei mir am Tisch, leistete mir Gesellschaft, trank ein Wasser und sagte zu mir: »Maria, dreh dich ganz langsam um, und du wirst staunen, wer dir alles beim Essen zuschaut.« Ganz langsam drehte ich mich um, und was sah ich: Das Ehepaar und seine fünf Kinder, sie alle standen und staunten, was ich für einen Hunger hatte. Sie lachten, und Inge meinte: »Die sieben Leute bekommen bestimmt nicht mehr zu essen als deine Portion, die du alleine isst.« Aber abends hatte ich keinen großen Hunger mehr, in der Soße suchte man die kleinen Fische, ich war ja satt von dem guten Essen am Nachmittag.

Inge plante die Ausflüge in Goa, wir besuchten Märkte, gingen in Fünf-Sterne-Hotels zum Kaffee trinken, machten die Umgebung unsicher, ließen uns am Strand in der Sonne braten, machten eine Reise nach Kerala und auch nach Karnataka, um die alten Tempel zu besichtigen. Es war traumhaft. In Karnataka fiel mir auf, dass es auf den Straßen nur Männer und ihre Söhne gab. Wo waren die Frauen, wo waren die Mädchen, es gab nur Männer. Wir waren etwas außerhalb der Stadt in einem sehr sauberen Hotel abgestiegen. Nachts machte ich die Tür etwas auf, um zu schauen, weil ich Stimmen hörte vor meiner Tür. Vor Inges Eingangstür lagen zwei junge Männer. Sie bewachten unsre Eingangstüren, damit wir in Ruhe schlafen konnten. Beruhigt ging ich wieder ins Zimmer und schlief weiter. Beim Frühstück trank Inge Kaffee und ich trank Tee. Vielleicht war das Essen nicht in Ordnung, plötzlich bekam ich Bauchkrämpfe. Mir war ganz schlecht. Inge suchte die Fahrer unseres Taxis. Wir waren allein mit dem Taxi hierhergefahren. Sie machte den beiden klar, dass wir sofort zurückfahren möchten, wir wollten die Reise nicht mehr fortsetzen. Sie waren sofort damit einverstanden, und wir fuhren zurück. Nur unterwegs musste ich dauernd auf die Toilette, und einer der Fahrer auch, wir hatten uns beide etwas eingefangen. Eine Toilette in Indien auf dem Land zu finden, ist äußerst schwierig, überall sind Menschen, es gibt keinen Flecken Erde, wo keine Menschen sind. Zum Glück hatten wir zwei Fahrer gebucht, dem einen ging es wie mir, der andere hatte nichts und konnte das Auto fahren und Hotels oder so was ähnliches suchen, damit wir beide eine Toilette hatten.

Abends kamen wir zurück. Unsere Vermieterin suchte für mich sofort den Arzt auf, der kam mit einem kleinen Moped angefahren. Er gab mir Penicillin und noch andere Tabletten. Ich durfte weder essen noch trinken, nur ein Kaffeelöffel Schwarztee alle zwei Stunden. Unsere Vermieterin war sehr besorgt um mich. Ich bekam einen Kreislaufkollaps. Der Arzt kam sofort wieder, gab mir noch Spritzen, und die Frau wusch mich dreimal am Tage mit Kräutern und dem Kräuterwasser ab. Nach drei Tagen ging es mir wieder besser. Nur durch das schnelle Eingreifen des Arztes musste ich nicht in ein Krankenhaus. Alle waren sehr besorgt um mich, Inge, der Arzt, die Vermieterin – alle arbeiteten zusammen, und nach drei Tage durfte ich wieder trinken, Schwarztee und Reis mit Joghurt essen, für den Darmaufbau.

Mir ging es bald wieder besser, und ich wurde wieder unternehmungslustig. Wir besuchten in der Woche mehrmals den Markt in Mapusa und kauften dort so viel ein. Alles war so billig, alles war neu für mich. Wir suchten ein Stoffgeschäft mit Schneiderei, und ich ließ mir einen Anzug machen und ein paar Blusen dazu. Die Koffer wurden immer voller, es gab wunderschönen Silberschmuck. Ich kaufte und kaufte ... Weihnachtskugeln aus Pappe, wunderschön, so etwas hatte ich in Deutschland noch nie gesehen, eine Lampe aus Perlmutt ... Langsam musste ich aufhören zu kaufen, und Knöpfe, ganz bunt, wunderschön, eine große Tasche voll.

Inge sagte: »Maria, du musst langsam aufhören mit dem Kaufen, wie sollen wir diese ganze Waren nach Deutschland bringen? Lass nur, wir machen die Koffer voll, ich kaufe mir noch einen Koffer, und die anderen Sachen nehmen wir mit als Handgepäck.«

Gesagt getan, wir kauften noch einen großen Koffer, packten viele Waren hinein. Es blieb aber noch sehr viel übrig als Handgepäck. Beim Rückflug mit der kleinen Maschine gab es keine Probleme, wir konnten erst am nächsten Morgen mit der großen Maschine weiterfliegen und buchten deshalb in Bombay ein Hotel. Schon von zu Hause aus wollte ich unbedingt in ein Fünf-Sterne-Hotel, doch als wir mit unseren vielen Artikeln ankamen, verließ mich der Mut.

Inge erledigte alles für mich, doch sie war für ihre Verhältnisse auch sehr nervös. Den Rückflug nach dem Abendessen versuchten wir zu schlafen, doch es ging nicht, denn auf dem Dach des Hotels wurde Hochzeit gefeiert. Wir bekamen ein anderes Zimmer, es war genauso laut, man hörte das Stampfen der Füße, sie tanzten ausgelassen, und wir ersehnten uns den Schlaf.

Um sechs Uhr sollten wir am Flughafen sein. Inge wollte schon um vier Uhr fahren doch bei diesem Krach konnten wir nicht schlafen, und Inge sagte um zwei Uhr: »Jetzt ist Schluss, wir stehen auf und fahren zum Flughafen!« Mir war es nicht so recht, es war mir einfach zu früh. Ich versuchte, ganz ruhig zu bleiben, denn wir hatten ja noch eine große Aufgabe zu bewältigen, das viele Gepäck. Wir fuhren zum Flughafen. Der Taxifahrer lud uns am richtigen Tor ab, wir mussten nicht lange laufen bis zur Gepäckaufgabe. Wir fanden einen Schalter, der offen war, stellten unsere Koffer auf das Band und zeigten die Flugtickets. Auf Englisch wollte die

Frau uns erklären, dass es ein Koffer zu viel war, aber Inge verstand auf einmal kein Englisch mehr. Die Frau am Schalter gab schließlich auf, und die drei Koffer verließen das Band. Geschafft. Das erste Hindernis war genommen, jetzt hatten wir nur noch die vielen Schachteln und unser Handgepäck. Wir saßen auf einer Bank im Flughafen, als die erste Ansage kam. Flug Nr. 4589 nach Dubai, nur ein Handgepäck. Nur ein Handgepäck! Oh mein Gott, was machen wir jetzt, das Flugzeug war bis auf den letzten Platz besetzt, und alle durften nur ein Handgepäck aufgeben. Inge suchte einen Ausweg und fand ihn: »Maria, komm mit mir, hinten in der Halle steht ein Mann, der packt die Koffer mit einer Plastikfolie ein.« Wir nahmen alles mit, gingen zu dem Mann, und Inge erklärte ihm, er solle doch bitte unsere Schachteln zu einem Gepäckstück zusammenpacken – ein Trinkgeld wirkte Wunder. Der Mann gab sich große Mühe, er packte alles zu einem großen Koffer zusammen, oder es sah zumindest so ähnlich aus. Wir waren beide zufrieden. Nun hatte Inge die wunderbare Idee, das Gepäckstück an einem anderen Schalter aufzugeben. In der Zwischenzeit war auf dem Flughafen aber so viel los, die Menschen strömten durcheinander, alles lief, alles schrie, man konnte sein eigenes Wort nicht verstehen, so etwas hatte ich noch nicht erlebt. Inge ging zum nächsten

Schalter und gab dieses Gepäckstück nochmals auf. Sie verstand wieder kein Englisch, die Leute sprachen kein Deutsch, das Gepäckstück lief über das Band. Jetzt war wirklich alles geschafft.

»Du bist das Beste, was mir hat passieren können, dich zu finden unter all diesen Millionen von Menschen ...«, sagte ich ihr. Ins Flugzeug gingen wir mit einem Gepäckstück und unseren Handtaschen. »Danke, dass du mich überreden konntest, so früh zum Flughafen zu fahren!«

Zwischen zwei und drei Uhr war nicht viel Betrieb, aber später war die Hölle los, man musste sich an den Händen halten damit wir nicht verloren gingen in der Menschenmasse. Inge hat das Gewicht der Gepäckstücke zusammengezählt, wir hatten zusammen 72 Kilogramm Übergepäck. Mehr zahlen brauchten wir ja am Ende nicht, doch es war eine große Aktion, die ich nicht nochmal erleben musste.

Ohne Inge hätte ich das nicht fertig gebracht. Sie war eine tolle Frau – Liebhaber und Kumpel –, mit der man Pferde stehlen konnte. Sie war mein Leben.

Nach unserer Reise ging das alte Leben wieder los: arbeiten, meine Mutter versorgen und alle zwei Wochen ein oder zwei Tage frei. Es war so schön gewesen, diese vier Wochen mit Inge zusammen zu sein, ich wollte mehr, nicht nur ein oder zwei Tage.

Mein Kopf arbeitete auf Hochtouren, er suchte wie so oft in meinem Leben einen Ausweg. Einerseits hatte ich Verpflichtungen – die Arbeit, die Mutter –, andererseits wollte ich leben, mit meiner Freundin zusammen leben. Hier hatte ich mein Haus und meine Arbeit, doch Inge erklärte mir, sie wolle nicht den ganzen Tag allein in der Wohnung bleiben und warten, bis ich spät abends nach Hause komme. In Köln, wo sie wohnte, hatte sie eine nicht so große, aber schön eingerichtete Wohnung mitten in der Stadt, sie brauchte nur zwanzig Meter laufen, dann war sie im Grünen, konnte Kilometer weit laufen. Und zu Fuß war sie in zehn Minuten mitten in der Innenstadt. Sie war ein Stadtmensch, und die Vorstellung für längere Zeit in einem kleinen Dorf zu bleiben, gefiel ihr nicht so gut.

Wir einigten uns, dass ich meistens zu ihr komme und dass sie mir Köln und die Sehenswürdigkeiten in der Umgebung zeigt. Inge ging jede Woche nach Bad Neuenahr, sie besuchte das Hallenbad, die Sauna und das Spielkasino – nur Automatenspiele. An den Wochenenden, die ich bei ihr verbrachte, ging ich natürlich mit. Frühmorgens fuhren wir mit dem Auto los. Zuerst gingen wir gemütlich frühstücken, dann bummelten wir in der Stadt und kauften ein paar Kleinigkeiten ein. Später liefen wir in aller Ruhe zum Hallenbad, gingen schwimmen und ganz entspannt in die

Sauna. Wir aßen im Bad und danach gingen wir weiter zum Casino, um zu spielen. Das gefiel mir sehr gut. Ich bin nicht süchtig geworden, doch ich hatte großen Spaß dabei. Wenn wir etwas mehr verloren hatten, sagte Inge, das nächste mal fahren wir nicht nach Bad Neuenahr wir fahren in die Umgebung von Köln. Da gibt es viel zu sehen, und das Geld bleibt im Geldbeutel und wird nicht ausgegeben.

So machten wir es. Sie zeigte mir Köln und die ganze Umgebung, wir fuhren bis zum Nürburgring. Dort gibt es ein großes Hotel, natürlich mit einem Spielkasino. Inge lud mich zum Mittagessen ein, und wir speisten ganz gepflegt, bevor wir spielen gingen. Es war nicht groß, doch es gab genügend Automaten, an denen wir unsere Zeit vertreiben konnten. In der Mitte des Saales waren sechs Automaten – drei auf der einen und drei auf der anderen Seite. Der letzte Stuhl war noch frei. Ich nahm Platz, und meine Freundin setzte sich mir gegenüber. Zwanzig Euro schob ich in den Automaten und suchte mir ein Spiel aus, das ich noch nicht kannte. Es galt, drei Räuber hinter Gitter zu bringen und sie in der richtigen Reihenfolge in die Kästchen zu manövrieren. Dazu brauchte man nur Glück. Ich bekam die drei Räuber nacheinander in die Kästchen, also hinter Gitter. Nach dem dritten Räuber ging eine Sirene los.

Ich wusste nicht wie mir geschah, ich rief: »Inge, komm bitte zu mir herüber, da ist etwas, das ich nicht verstehe.«

Sie blieb sitzen und spielte weiter, bis ihr Nachbar zu ihr sagte: »Jetzt gehen sie doch rüber, sie hat den Jackpot gewonnen!«

Erst dann kam sie, es waren über fünftausend Euro gewesen. Wir freuten uns sehr, denn wir hatten ausgemacht, wenn eine gewinnt, wird der Gewinn geteilt. Auf diese Art und Weise konnten wir länger spielen.

Jede von uns nahm ungefähr zweihundert D-Mark oder später zweihundert Euro mit. Wir spielten, bis kein Geld mehr vorhanden war. Wenn eine von uns kein Geld mehr hatte, fragte sie die andere, wie viel Geld hast du noch? Wenn eine von uns gewonnen hatte, wurden die zweihundert abgezogen und der Rest noch im Casino geteilt. Wir konnten dann weiterspielen oder wir fuhren nach Hause.

So war es an dem Samstag. Das Geld steckte ich ein und sagte zu Inge: »Komm, wir fahren nach Hause. Heute können wir hier nichts mehr gewinnen, wenn der Jackpot weg ist, gibt es keinen Gewinn mehr, die Automaten müssen erst wieder das Geld speichern. Hier ist heute nichts mehr zu holen.«

Gesagt getan, wir fuhren nach Köln zurück und teilten das Geld noch im Auto.

Nicht immer habe ich gewonnen, oft auch Inge. Bei einem anderen Besuch gab sie mir Geld, und was machte ich? Ich hatte mein Geld verspielt, und auch noch das Geld, das ich von meiner Freundin erhalten habe. Von dieser Zeit an wurde im Casino nichts mehr geteilt, erst zu Hause. Hatte ich aber gar nichts mehr, ging ich zu meiner Freundin und bettelte sie an. Sie war nicht so, und wenn sie gewonnen hatte, gab sie mir zwanzig oder fünfzig Euro, und ich spielte weiter. Es kam auch vor, dass keine mehr etwas hatte, dann gingen wir nach Hause und versprachen uns gegenseitig, die nächste Zeit nicht spielen mehr spielen zu gehen und stattdessen zu sparen. Doch wie heißt es so schön? Der Geist ist willig, das Fleisch ist schwach. Es war eine wunderschöne Zeit, wir kannten alle Casinos in Deutschland, wir spielten in Holland, in Frankreich, in Spanien, in Österreich – überall, wo wir Urlaub machten. Es stimmt, die Bank gewinnt immer. Mit welchem Geld sollten sie sonst ihre Leute bezahlen, die in den Casinos arbeiten. Der Staat will verdienen, die Städte, wo die Casinos stehen, jeder will Geld verdienen, und einer muss bezahlen, das sind die kleinen Leute, die meinen, heute gewinnen wir.

Wenn ich zurückblicke ... ja, wir haben Geld verloren, aber es war unser Hobby, wir waren spielen, wir wurden nicht süchtig, wir hörten auf, wenn es sein musste, und wir hatten Spaß, richtig viel Spaß. Die Zeit war dafür geschaffen, und als sie vorbei war, kam etwas anderes.

An den freien Wochenenden, an denen ich zu Inge fuhr, schauten wir uns nicht nur die Gegend an, sondern wir waren ausgelassen und machten verrückte Sachen, die ich noch nie erlebt hatte. Einmal rief mich Inge am vorherigen Abend an und sagte, sie hätte sich etwas ausgedacht, es war eine Überraschung. Ich freute mich auf den nächsten Tag. Die Fahrt nach Köln ging mir nicht schnell genug, der Tacho ging nach oben, ich fuhr schnell, sehr schnell, immer auf der Hut, immer nach der Polizei Ausschau haltend. Ich fuhr ein Fiat Coupé, er war getunt und kam auf zweihundertfünfzig Kilometer, erst dann schaltete er ab. Ich lieferte mir mit den anderen Autos Rennen, nur um schnell bei Inge zu sein, immer schneller fuhr ich. Mein Auto hatte ich unter Kontrolle, denn sonst lenkte ich ja einen Achtzehn-Tonner, das war ein Auto. Der Fiat war ein Spielzeug, ein sehr schnelles Spielzeug. Ganz gelassen fuhr ich das Auto, ich hatte das Auto immer unter Kontrolle. Ich sah auf die Straße, doch in Gedanken war ich nur bei Inge. In meinem Inneren brodelte es, ich konnte es kaum erwarten, sie zu sehen, ich hatte Schmetterlinge im Bauch und solche Sehnsucht, ganz schnell bei ihr zu sein, ihre Stimme zu hören, wenn sie zu mir sagte, ich freue mich so, mein Liebling, dass du da bist. Wenn sie mich in den Arm nahm und mich ganz zärtlich küsste, es war ein wunderbares Gefühl, ganz liebevoll, mit Hingabe und Nähe.

Endlich war ich da, sie schaute schon aus dem Fenster wartete auf mich. Dann kam sie mit dem Fahrstuhl runter, machte mir die Türe zum Hofeingang auf, und ich durfte auf den Parkplatz fahren, den sie extra für mich gemietet hatte. Nun war ich angekommen. In der Wohnung wollte ich natürlich wissen, was für eine Überraschung sie für mich hätte. Sie lachte und sagte: »Ich habe heute schon alles eingekauft, und morgen machen wir es uns ganz gemütlich, wir gehen nicht aus dem Haus. Morgen bleiben wir den ganzen Tag im Bett.

Es war ein wundervoller Tag. Lieben, schmusen, küssen, die sanften Hände, die meinen Körper streichelten, all das in meinem Alter noch erfahren zu dürfen ...

Es war schön, so schön, und die Gedanken kamen immer und immer wieder, du willst mit dieser Frau nicht nur die Wochenenden verbringen, du willst bei ihr sein, du willst abends ins Bett gehen, ihr einen Gutenachtkuss geben und dann mit ihr einschlafen. Das war und blieb mein Wunsch.

Durch Zufall hatte ich erfahren, dass in Holland am Meer direkt hinter den Dünen ein Neubaugebiet entsteht, wo Ferienhäuser gebaut wurden, auch

Deutsche konnten diese erwerben. Ein befreundeter Holländer gab mir diesen Tipp. An meinem freien Wochenende holte ich Inge ab, und wir fuhren mit dem Auto nach Holland. Fast alle Häuser waren schon verkauft, es gab größere und kleinere, und sie waren alle schön. Wir waren begeistert, doch eines störte mich sehr. Das Abwasser floss am Rande der Häuser ins Meer, und je nach Wind kam die Luft, die nach Abwasser roch, zu den Häusern. Ich nahm Abstand vom Hauskauf, das war nicht das Richtige für mich, also weitersuchen.

Nach einiger Zeit rief mich die Verwandtschaft aus Spanien an. Mein Schwiegervater war Spanier, deshalb hatte ich seine Familie kontaktiert, damit sie mir vielleicht helfen könnten, ein Haus zu finden, das schön und nicht zu teuer war. Ja, sie riefen mich an. Ein Bekannter hatte ein Ferienhaus nahe Malaga ungefähr drei Kilometer vom Meer entfernt in einer Urbanisation. Er war knapp bei Kasse und musste das Haus verkaufen. Sie hatten mir Bilder geschickt, und auf den Bildern gefiel mir das Haus. Ich sagte Ihnen, wenn das Haus so aussehe wie auf den Bildern, kaufe ich es sofort. Da Inge verhindert war und nicht nach Spanien mitfliegen konnte, nahm ich die Schwiegermutter meiner Tochter mit.

Wir kamen am Flughafen bei strahlendem Sonnenschein an, wurden mit einem Auto abgeholt und fuhren direkt zum Haus. Für mich war das eine Überraschung – ein kleines, aber schönes Haus, ein Pool war auch noch dabei, nicht groß zum Reinhüpfen gerade richtig, zumal es in der Urbanisation einen großen Pool gab, die alle Anwohner kostenlos benutzen konnten.

Das Haus war einfach. Es waren Möbel vorhanden, die stehen bleiben konnten, eine Küche, nicht groß, aber für ein Sommerhaus perfekt. Eine Heizung gab es natürlich nicht, in Spanien wird es ja auch nicht so kalt wie in Deutschland. Der Schwiegermutter und mir gefiel das Haus sehr gut, und der Flughafen war in der Nähe. Der Mann brauchte das Geld sofort, und wir machten einen Termin bei einem deutschsprachigen Rechtsanwalt aus, der alles in die Wege leitete, und vier Wochen später gehörte das Haus mir. Meine Bank gab mir den Kredit für das Haus. Hätte ich nicht bezahlen können, gehörte der Bank mein Haus in Deutschland.

Wenn man verliebt ist, denkt man oft nicht mit dem Kopf, sondern mit dem Herzen. Nach meiner Ankunft in Deutschland waren ein paar Leute nicht so ganz einverstanden mit meiner Zusage, ein Haus in Spanien zu kaufen. Für mich gibt es aber nur eins – wenn ich eine Zusage gegeben habe, halte ich mich daran, ein Wort ist ein Wort, ob ich Geld verliere oder Geld gewinne. Eine Zusage ist eine Zusage, ganz gleich, wie sie ausgeht, sonst wäre ich unglaubwürdig. Im Geschäftsleben gibt es nichts Schlimmeres als unglaubwürdig zu sein.

Auch Inge war nicht so begeistert von meinem Hauskauf. Ich erklärte ihr: »Schau, wenn wir Urlaub machen, fahren wir nach Spanien, oder du fliegst mit, wenn ich zum Notar gehe.«

Sie war damit einverstanden und flog mit, und als sie das Haus sah, war sie begeistert und fing sofort an zu planen, was wir machen können, wenn es kalt wird, welche Heizkörper wir wie und wo hinstellen können. Sie war in ihrem Element, und ich bekam ein großes Lob, alles richtig gemacht zu haben.

Nur meine Mutter war und blieb gegen den Hauskauf, doch sie sagte, du musst selbst entscheiden, was du für richtig hältst. Ja ich hatte mich entschieden. Mein Geschäft sollten meine Tochter und mein Schwiegersohn erhalten, noch ein Jahr wollte ich in der Firma bleiben, die Kinder einlernen und dann mehrmals im Jahr mit Inge nach Spanien ins Haus in Urlaub fahren. Länger als vier Wochen ging es nicht, denn meine Mutter war da, und ich hatte die Plicht, nach ihr zu schauen. Doch meine Schwester war ja auch noch da, sie wohnte am gleichen Ort wie meine Mutter. Meine Schwester hatte mit 27 Jahren schon Brustkrebs bekommen und war angeschlagen, und wir konnten nicht von ihr verlangen, die Arbeit und Pflege meiner Mutter zu übernehmen, dafür war ich da. Doch sollte ich in Urlaub fahren, wäre meine Schwester zur Stelle gewesen. Und mein Sohn ebenfalls. Mein Sohn liebte seine Oma sehr, und als er mit der Internatsschule fertig war, zog er wieder zu mir in die Wohnung. Damals wohnte auch meine Mutter noch bei mir. Meine Mutter, die Frau aus Polen, mein Sohn und ich – es war etwas viel, und dazu kam ja noch Inge, die ich zu dieser Zeit kennenlernte. Meine Mutter ging dann mit der Frau aus Polen in ihr eigenes Haus.

Mein Sohn hätte gerne die kleine Wohnung im Vorderhaus bezogen, doch die Mieter wollten nicht ausziehen, sodass wir leider ans Gericht mussten wegen der Wohnung. Meinem Sohn gab ich den Rat, er solle selbst mit dem Richter sprechen.

Mein Sohn folgte meinem Rat und sprach mit dem Richter. Der fragte ihn, warum er unbedingt in diese Wohnung einziehen wolle. Er erklärte ihm, drei Generationen unter einem Dach seien für den stärksten Mann zu viel, er wolle auch mal alleine mit seiner Freundin sein. Er liebe seine Oma sehr, wenn etwas nicht in Ordnung wäre, sei er oder seine Freundin sofort zur Stelle. Der Richter fand, es sei eine gute Sache, sich um seine Oma zu kümmern, worauf Francisco und seine Freundin ins Vorderhaus in die kleine Wohnung einziehen durften.

Francisco hielt sein Versprechen, er schaute nach seiner Oma, denn er liebte sie. Wenn die Türe aufging und mein Sohn ins Wohnzimmer eintrat, wo meine Mutter saß, leuchteten ihre Augen. Sie freute sich über jeden Besuch. Er war ihr Liebling. Nach Weinachten wäre ich gerne für ein paar Tage mit Inge ins Haus nach Spanien gefahren, doch sie konnte nicht mit, da sie eine ältere Dame betreute, die sehr krank geworden war. Anfang Dezember war die ältere Dame zu ihrem Hausarzt gegangen, der Blut abnahm; die Ergebnisse waren sehr schlecht, und sie musste sofort ins Krankenhaus, sodass Inge sich um sie und um ihre Wohnung kümmerte.

Alleine wollte ich auch nicht nach Spanien fliegen, also blieb ich zu Hause. Weihnachten verbrachte Inge in Köln, und das Neujahrsfest wollte sie mit mir verbringen. Meine Schwester mit ihrem Ehemann, meine Kinder und ich trafen uns bei meiner Mutter. Die Frau aus Polen und ich bereiteten das Weihnachtsfest vor und sorgten für das Essen und die Getränke. Die Tochter der Frau aus Polen hatte ich auch eingeladen, sie kam mit dem Bus, wurde am Busbahnhof abgeholt, und die ganze Familie war beim Weihnachtsfest bei meiner Mutter eingeladen. Alle waren da, wir haben gegessen und getrunken, es war ein fröhliches Fest.

Am 29. Dezember besuchte ich nachmittags meine Mutter, es ging ihr nicht so gut, sie fühlte sich nicht wohl. »Leg dich doch ins Bett«, schlug ich ihr vor, »vielleicht geht es dir dann etwas besser.« Sie wollte nicht ins Bett, wollte lieber noch im Sessel sitzen bleiben. Ich verabschiedete mich von ihr.

Das sollte der Abschied für immer sein.

Mit meinem Auto fuhr ich nach Hause. Als ich in meine Wohnung ging, klingelte das Telefon, und die Frau aus Polen war dran.

Sie sagte: »Komm schnell zurück, ich glaube, deine Mutter ist soeben gestorben.«

Sofort fuhr ich zurück. Meine Mutter war einem Herzschlag erlegen. Ich hatte bereits unseren Hausarzt angerufen, er war gleich zur Stelle, konnte aber auch nur noch den Tod feststellen.

Für die Menschen, die gehen müssen, ist ein Herzschlag ein schöner Tod – für die Zurückbleibenden kommt er aus heiterem Himmel. Schnell, unerwartet, tragisch. Man muss das alles erst verarbeiten.

Für meinen Sohn war es besonders schmerzhaft, er hatte am nächsten Tag Geburtstag. Er weinte und trauerte um seine Oma mehr als alle anderen. Inge rief ich von meiner Mutter aus an und erzählte ihr, was passiert war. Sie kam noch am selben Abend und wollte mich nicht alleine lassen. Darüber freute ich mich sehr, denn meine Freundin liebe mich, wollte mich nicht alleine lassen und blieb bei mir, bis alles geregelt war. Ich war sehr froh dass meine Freundin keine Zeit hatte, mit mir nach Spanien zu fliegen, so konnte ich noch, ohne es zu wissen, von meiner Mutter Abschied nehmen.

Das Leben geht weiter. Nachdem meine Schwester und ich alles in Ordnung gebracht hatten und die Beerdigung sowie das Testament, in dem meine Eltern alles geregelt hatten, abgewickelt war, sah ich keine Veranlassung, weiter in meinem Geschäft tätig zu werden. Ich hatte keine Lust mehr, noch länger so viel zu arbeiten, ich wollte frei sein frei für Inge. Ich wollte nur noch die Büroarbeiten übernehmen, die ich auch erledigen konnte, ohne jeden Tag auf dem Großmarkt tätig zu sein.

Fünf Monate war ich noch voll berufstätig dann übergab ich die Firma meiner Tochter und meinem Schwiegersohn. Ich kaufte mir einen großen Van, in den man viel einladen konnte. Zuerst packten wir Kleider, Geschirr, kleine Möbel, die Inge aus der Wohnungsauflösung von der älteren Dame, die auch verstorben war, erhalten hatte, und gingen auf Flohmärkte, um es billig zu verkaufen. Die größeren Möbel nahmen wir nach und nach mit meinem Auto mit nach Spanien ins Haus.

Wir fuhren mit dem Auto nach Spanien, es war ein weiter Weg. Unterwegs übernachteten wir ein

Mal – meistens an der Grenze zwischen Frankreich und Spanien, jedoch auf der spanischen Seite, oder wir fuhren weiter hinter Barcelona, da gab es ein Hotel, wo wir gerne übernachteten. Alle Hotels hatten entweder eine Garage für uns zur Verfügung oder einen eingezäunten Bereich, wo wir unser Auto unterstellen konnten.

In Spanien konnte man zu dieser Zeit nicht gerade so losfahren, wie man wollte. Es gab ganze Banden die darauf spezialisiert waren, die Reisenden auszurauben – Deutsche, aber auch Holländer und Franzosen, alle, die kein spanisches Kennzeichen hatten. Auf der Strecke nach Barcelona war es besonders schlimm. Wenn wir zu zweit fuhren und auf die Toilette mussten, ging eine zur Raststätte und die andere blieb beim Auto, damit niemand die Reifen aufschlitzen konnte.

Freunde von uns, die in Spanien wohnten, rieten uns: »Lasst euer Auto nicht aus den Augen, die fahren mit dem Messer in die Reifen, und wenn ihr zwanzig oder dreißig Kilometer gefahren seid, bekommt ihr einen platten Reifen und könnt nicht mehr weiterfahren. Diese Leute wissen ungefähr, wie weit ihr kommt, fahren euch mit einem oder zwei Autos nach und rauben euch dann aus.«

Das stimmte wirklich. Uns ging es so, auch unser Auto wollten sie beschädigen. Wir fuhren auf der Autobahn Richtung Tarragona nach Barcelona, als ein roter Mercedes zum Überholen ansetzte; auf gleicher Höhe mit mir machte der Beifahrer das Fenster auf. Er hatte so ein rundes Gesicht, dem Aussehen nach waren es Südamerikaner. Drei Männer saßen in dem Auto, und einer winkte mir, machte ein Zeichen mit der Hand, deutete auf meinen Reifen. Der Fahrer fuhr immer weiter zu mir herüber und wollte mich an die Seite drängen, er hatte nicht mit meiner Geistesgegenwart gerechnet. Erst winkte ich ihm mit der Hand, dann machte ich ein abwehrendes Zeichen. Ich rief Inge zu: »Halte dich fest, ganz fest! Ich riss das Steuer herum und fuhr auf das Auto zu. Lieber rammte ich das Auto, als ausgeraubt zu werden. Die Männer hatten nicht mit meiner Entschlossenheit gerechnet, sie merkten, was ich vorhatte, und schneller als der Schall waren sie verschwunden. Doch danach zitterten meine Hände, ich war sehr aufgeregt. Was glauben diese Leute, wen sie vor sich hatten – in der Heimat fuhr ich einen Achtzehntonner-LKW. Da werde ich auf der Autobahn doch mit drei Gaunern fertig werden!

Mal wieder Glück gehabt. Das war bei der Hinfahrt. Ein anderes Mal, als wir nach Hause fuhren, machten wir auch wieder eine kurze Pause. Meine Freundin ging zuerst zur Toilette. Ich blieb beim Auto, stieg aus und lief immer um das Auto herum, Ausschau haltend, ob sich jemand dem Auto nähert. Gleich darauf kamen drei Frauen mit einer großen Reisekarte und wollten mich in ein Gespräch verwickeln. Das war auch so eine Masche, der Fahrer wurde abgelenkt. Sie wollten wissen, wo die besondere Stadt war.

Ich sagte: »Gehen Sie weg, ich verstehe kein Spanisch.«

Ich löste mich von der Gruppe, lief um mein Auto herum und sah wie sich ein Mann gerade mit einem langen großen Messer in der Hand bücken wollte um meine Reifen zu zerstechen.

Ich schrie ganz laut auf Spanisch: »Diebe, Diebe! Helft mir, Polizei, Polizei!«

Der Mann sah mich, hörte mich laut schreien und rannte dann, ohne auf meine Reifen einzustechen, weg, und auch die Frauen waren verschwunden.

Gleich darauf kam auch Inge angerannt, sie hatte mich schreien hören. »Was ist los«, fragte sie.

»Stell dir vor, die wollten unsere Reifen zerstechen.«

Ich war ganz aufgeregt, und auf die Toilette ging ich nicht mehr. Wir fuhren weiter zur nächsten Raststätte, an der ich mein Auto genau davor parken konnte. Wir hatten uns zu Hause für die Heimfahrt Brote gemacht und holten uns nur Kaffee in der Raststätte, machten eine Pause im Auto, wo ich langsam wieder ruhiger wurde.

Bei der Heimfahrt unterhielten wir uns noch einmal darüber und kamen zu dem Entschluss, nur noch einmal mit dem Auto nach Spanien zu fahren und alle Möbel und das Geschirr mit nach Spanien zu nehmen; ich versprach Inge, in Zukunft zu fliegen. Ich würde mir in Spanien ein kleines Auto kaufen, damit wir solche Überraschungen nicht mehr erleben mussten.

Der Urlaub in Spanien war immer sehr schön. Nach der Ankunft wurde das Haus erstmal auf den Kopf gestellt. Es gab viel Staub in der Wohnung, denn die Fenster waren nicht so dicht. Im Winter ein Nachteil, im Sommer sehr gut. Durch die Luftdurchlässigkeit der Fenster und Türen konnte man das Haus problemlos einige Monate leer stehen lassen, ohne das sich in dem Haus etwas veränderte, es roch nicht stickig, es gab keinen Schimmel, es gab nur etwas mehr Staub, mit dem konnten wir fertig werden – wir mussten nur zwei, drei Tage putzen, und es war sauber. Für den Pool hatten wir einen Mann aus Dänemark, der in der Urbanisation wohnte, er kam jede Woche und pflegte ihn. Wir hätten es selbst machen können, doch dazu muss man das ganze Jahr dort verbringen, und das wollten wir beide nicht. Der Garten war nicht groß, wenn wir unten waren, brachten wir alles in Ordnung. Es durfte kein Nagel fehlen, sofort gingen wir in ein Geschäft, holten den Nagel, und er wurde eingeschlagen. Inge war super, sie sah alles, und jede Kleinigkeit wurde sofort erledigt.

Für mich war der Pool sehr wichtig. Am liebsten schwamm ich nackt, es war so ein schönes Gefühl, nackt zu schwimmen. Das Wasser umspielt den Körper, die Sonne scheint dir auf den Rücken, es ist warm ... das ist ein so wohliges Gefühl. Inge lag am liebsten im Schatten unter einem großen Sonnenschirm, und wenn es ihr zu heiß wurde, sprang sie zu mir in den Pool und kühlte sich ab. Doch schmusen durften wir in dem Pool nicht wegen der Nachbarn – ein dänisches älteres Ehepaar auf der einen Seite. Inge beobachtete ihn, wie er immer hinter einem großen Baum stand und mir beim Nacktbaden zusah. Das war mir egal, wenn ich schwamm, streckte ich ihm sowieso nur meinen nackten Hintern zu, und wenn ich einen Moment Pause machte, stellte ich mich so hin, dass er nur meinen Rücken zu sehen bekam. Solange Inge nichts dagegen hatte, schwamm ich ruhig weiter. Sie hatte nichts dagegen, sie war ja immer bei mir, wir machten alles gemeinsam, wir brauchten keine Freunde. Wir hatten uns. Wir arbeiteten gemeinsam im Haus, im kleinen Garten, und wir gingen gemeinsam einkaufen. Morgens fuhren wir zum Meer frühstücken, in einer kleinen Bar oder im Freien ganz nahe am Meer. Wir hörten die Wellen ans Ufer schlagen, wir liefen barfuß im Sand, wir spritzten uns gegenseitig mit Meerwasser an, wir machten lauter verrückte Dinge, die junge Verliebte machen. Wir waren nicht mehr jung, aber wir waren verliebt bis über beide Ohren.

An der Promenade gab es viele kleine Geschäfte. Inge kaufte deutsche Zeitungen, wir kauften Brot und etwas Wurst. Wenn wir Lust hatten, kochten wir uns zu Mittag oder zu Abend, wenn wir keine Lust hatten, gingen wir in ein kleines Bistro, aßen Paella oder ein paar Tapas, Gazpacho, Risotto, Paella mit Fisch oder mit Hähnchen – was uns gerade in den Sinn kam. Wir machten keine Pläne, wir lebten spontan. Das liebte ich so an Inge, keine Pläne, nur das heute und nur wir zwei. Deutschland war so weit weg, keine Gedanken mehr ans Geschäft, an meine Kinder, ja, da gab es das Telefon, da konnte man anrufen, ob alles in Ordnung war.

Es war alles in Ordnung. Für mich war die Welt in Ordnung. Sonntags gab es in Estepona am Hafen immer die neuesten deutsche Zeitungen und ein Geschäft, das deutschsprachige Bücher führte. Ich fragte Inge, ob sie nach Estepona fahren wolle, um einzukaufen. Es waren ungefähr einhundert Kilometer, und wenn Inge Zeitungen kaufen wollte, dann fuhren wir nach Estepona. Im Hafen gab es Restaurants, da konnte man gut und günstig essen. Wir fuhren nach dem Einkaufen weiter, besuchten die weißen Dörfer, tranken unterwegs noch Kaffee und fuhren dann ganz gemütlich wieder nach

Hause. Das Leben war so schön, aber nach einiger Zeit mussten wir wieder nach Hause, ich hatte Arbeit im Büro und musste nach dem Rechten sehen. Meine Kinder wollten ihre Mutter auch mal wieder sehen, wir mussten schweren Herzens zurück. Aber bald, das hatten wir uns beide vorgenommen, geht es wieder nach Spanien.

Die Zeit zu Hause ging so schnell vorbei, ich erledigte die Arbeit im Eiltempo. In der Zwischenzeit machten wir Kurzurlaube, fuhren nach Österreich an den Bodensee, blieben ein paar Tage, schauten uns die Sehenswürdigkeiten an, die es in der jeweiligen Region gab. Unser Ritual war nachmittags Kaffee trinken, am liebsten im Freien, am besten an einem Fluss oder noch besser an einem See. Wenn es ging immer am Wasser. Auf einen See zu blicken, den Menschen beim Schwimmen oder Bootsfahren zuzuschauen ... Wir brauchten keine Worte wir schauten uns an und wussten, was der andere dachte und fühlte.

Inge sagte öfters: »Schau mich bitte nicht so an, die Leute merken das.«

Ich wusste genau, was sie mir sagen wollte, die Worte hörte ich zu gerne von ihr, und fragte ganz einfältig: »Inge, was merken die Leute?«

Sie schnaubte und sagte: »Du schaust mich so verliebt an, die anderen Menschen sehen das deinen Augen an.«

»Lass sie doch schauen«, war meine Antwort. »Es stimmt doch, ich bin doch so verliebt in dich. Es macht mir nichts aus, lass die Leute reden.«

Bald war wieder September, die Schulferien waren vorbei und es gab Platz in den Hotels und Pensionen, die Strände waren nicht mehr überfüllt von Menschen. In den Bars und Restaurants konnte man Platz nehmen und etwas länger sitzen bleiben, ohne dass die Kellner das Gesicht verzogen und schauten, ob wir nicht gleich aufstehen würden. Ab September war es angenehmer zu reisen für ältere Menschen und die, die noch nicht dazu gehörten.

Wir waren wieder in Aufbruchsstimmung. Diesmal nahmen wir eine andere Route, wir fuhren quer durch Frankreich. Das erste Reiseziel war Lourdes. Es war mein Wunsch, ich war nicht zum ersten Mal hier. Mir gefiel das Flair des Ortes, die vielen gläubigen Menschen jeden Abend, die große Prozession ... Alle trugen brennende Kerzen. Es wurde gebetet und gesungen, die Menschen gingen zur Mutter Maria. Viele hatten Wünsche, die sie Maria vortrugen. Ob alle Wünsche in Erfüllung gingen, das weiß nur Maria und die Bittsteller, die die Wünsche vortrugen. Die Hoffnung war allgegenwärtig, wer keine Hoffnung hat, der hat auch keine Wünsche. Wir blieben zwei Übernachtungen, dann ging es weiter.

Inge wollte den Jakobsweg fahren. Mir war es recht, es ist eine große Herausforderung, den Weg zu laufen, und nicht jedermann ist so gut zu Fuß. Ich suchte keine Herbergen. Wir schliefen in Paradores und fuhren nicht den ganzen Weg. Wir blieben in Nordspanien, suchten nach den Picos, einem Kalksteinmassiv. Wir fanden die Berge und eine große Seilbahn, in der viele Menschen Platz fanden. Als wir zur Gondel kamen, lag alles voll im Nebel. Lass uns nach oben fahren, vielleicht haben wir Glück und oben scheint die Sonne. Fast wären wir alleine hochgefahren, die Leute wollten nicht im Nebel zur Bergspitze fahren. Die Fahrt ging relativ schnell, je höher wir kamen, umso heller wurde es. Oben angekommen, wurden wir belohnt: Die Sonne schien, keine Wolke am Himmel, es war grandios. Ins Tal konnte man nicht schauen, das war auch nicht nötig. Wir sahen die hohen Berge aus dem Nebel ragen. Die Sonne strahlte Wärme aus, und wir suchten uns einen Rastplatz. Inge saß etwas höher als ich, sodass sie mich umarmen konnte. Aneinander geschmiegt genossen wir die Sonne. Es war so friedlich, so angenehm warm ... Zwei Herzen schlugen in einem Takt. Es war schön, doch wie immer, geht alles geht so schnell vorbei, die Zeit bleibt nicht stehen. Der Nachmittag neigte sich dem Ende zu, und wir mussten wieder ins Tal in den Nebel zurück.

Der Tag war so vollkommen gewesen! Solche Tage bleiben immer in Gedanken und in den Herzen der Menschen, die sie erleben. Wir blieben noch in Nordspanien und übernachteten in Paradores – auch das ein großes Erlebnis, diese alten Gebäude mit großartiger Innenausstattung und schönen Bädern. Wir schauten uns alle Sehenswürdigkeiten an, die es in der Umgehung gab, aber dann wollte ich endlich nach Hause auf unser Grundstück mit Haus, Pool und Garten, und wir fuhren gemeinsam ins Haus. Dort angekommen, kamen zuerst die Tische und Stühle ins Freie, damit innen Platz war, und natürlich tranken wir zuerst Kaffee. Und dann zog ich mich ganz schnell aus und hüpfte in den Pool, schwamm drei, vier Runden nackt – ach, war das schön, der Pool fehlte mir in Deutschland, wir waren wieder da, hurra, hurra, wie schön ist die Welt. Wir waren unterwegs einkaufen gewesen, sodass wir nun alles da hatten und gemütlich im Freien sitzen und essen konnten. Inge gönnte sich ein Glas Wein, ich selbst mochte keinen Alkohol und bevorzugte Saft oder trank Wasser oder Coca-Cola. Nach der langen Fahrt gut angekommen, fiel der ganze Stress ab, und wir konnten den Abend ausklingen lassen. Außer den Lebensmitteln ließen wir alles im Auto und würden es erst am nächsten Morgen ausladen, der Abend gehörte uns. Wir waren gut angekommen, es war nichts passiert, wir waren glücklich und zufrieden und feierten unsere Wiederkehr nach Spanien.

Wie immer nach unserer Ankunft war Reinemachen angesagt. Das Haus wurde auf Vordermann gebracht, der Garten vom Unkraut gereinigt, alle Nägel, die sich entfernt hatten, wurden wieder angebracht, alles musste glänzen. Inge war sehr darauf bedacht, dass alles sauber und ordentlich war und nichts herumlag, wie in einem Schaufenster, durch das man hineinsah und alles geordnet dalag. Dann war sie zufrieden, und der Urlaub konnte beginnen.

Die Nächte im September und Oktober sind in Spanien noch sehr warm, viele Leute sitzen im Freien, nehmen das Abendbrot ein, sitzen auf der Terrasse.

»Weißt du noch«, fing ich eines Abends an zu erzählen, »kannst du dich noch an den Anfang unseres Kennenlernens erinnern, als ich dich abends immer anrief. Es waren so viele liebe Worte in meinem Herzen, die ich dir unbedingt sagen musste, voll Sehnsucht nach dir, mit Schmetterlingen im Bauch. All das musste ich dir unbedingt sagen, noch am Abend, nicht wartend auf den nächsten Tag.«

Es ist schön, wenn ein Mensch, dem man diese Worte sagt, am Telefon zuhört. Damals dachten wir, wir wären allein – aber wie das im Leben so ist, der Feind hört mit. So stellte es sich später heraus. Auf dem Großmarkt neben meiner Boxe war ein kleines Café, was für mich ideal war. Das Café machte schon um drei Uhr auf, und ich war jeden morgen fast der erste Kunde, da ich immer sehr hungrig war. Ich holte mir ein Brötchen und konnte, wenn ich musste, ganz schnell zur Toilette gehen. Kaffee hatten wir selbst genug, viele Kunden kamen, bestellten und tranken ein oder zwei Kaffee bei uns, den wir frisch zubereiteten. Viele Pfunde Kaffee verschenkten wir an unsere Kunden. Der Besitzer des Kaffees nebenan hatte eines Tages nicht nur Kaffee, Semmeln und Würstchen zu verkaufen – nein, hinter seiner Boxe stand ein kleiner Transporter mit allerlei Waren, die man kaufen konnte. Weil sich so viele Menschen hinter der Boxe tummelten, schaute ich auch, was es alles so gab. Es gab Zigaretten und Alkohol, an beidem war ich nicht interessiert.

Eines Tages rief der Besitzer bei mir an, ich war nicht zu Hause. Meine Mutter war am Telefon, und sie sagte ihm, dass ich arbeiten sei und ich morgen früh auf dem Großmarkt sein würde.

Als ich am nächsten Tag mein Brötchen holte, sprach er mich an, er hätte Kaffee zu verkaufen, ungefähr siebzig Pfund.

»Wie lange kann man ihn aufbewahren?«, fragte ich. Das Verfallsdatum war fast ein Jahr, und so kaufte ich ihn, um frischen Kaffee aufzubrühen für unsere Kunden. Ich kaufte vier oder fünf Kaffeemaschinen, es waren ganz gewöhnliche, wo man oben Wasser einfüllte und in der Mitte der Filter mit Kaffee war und unten der fertige Kaffee in den Glasbehälter lief. Für das Pfund Kaffee musste ich fünf D-Mark bezahlen, und auch für jede Kaffeemaschine, die war genauso teuer.

Der Besitzer des Cafés hatte jede Woche etwas anderes. Ab und zu schaute ich, was es gab, und da fast der ganze Großmarkt bei ihm kaufte, ließ ich mich manchmal verführen und kaufte Sachen, die ich eigentlich gar nicht brauchte, nur weil es billig war. Der Kaffee blieb in der Boxe, und die anderen Sachen nahm ich mit nach Hause und stellte sie in den Treppenaufgang zum Keller. An unserem Stand kamen viele Leute vorbei, die meisten waren Kunden, und ich kannte sie. Einmal bin ich einem Mann nachgelaufen, der mir irgendwie unheimlich vorkam, ich wollte sehen, wo er hinläuft, doch er kam aus dem nichts und war auch dorthin verschwunden, ich hatte ihn verloren. Das kam mir seltsam vor, und auch an meinem Haus, wo mir abends Bauern oder Gärtner Obst und Gemüse brachten, sah ich Autos, die nicht hierher gehörten. Sie fuhren vorbei, schauten, was ich machte, und fuhren weiter. Bei mir klingelten die Alarmglocken, doch ich konnte meine Ängste nicht einordnen.

Zu meinen Freunden auf dem Großmarkt sagte ich, dass wir beobachtet werden, irgendetwas stimme nicht. Ich erzählte es auch Inge, was kann das sein, ist es das Finanzamt? Und auch das Telefon war mir nicht geheuer, wenn ich sie anrief oder auch andere Gespräche führte. Es war mir, als wäre in dem Telefon ein luftleerer Raum, es war so ruhig, als höre jemand mit, das sagte ich auch zu Inge am Telefon, doch meine lieben Worte sagte ich ihr trotzdem. Dass ich sie liebe, dass ich Sehnsucht nach ihr hatte, dass ich mich freute, sie wieder zu sehen, dass ich es kaum aushalten könne, bis ich wieder von ihr in den Arm genommen werde, ihre Küsse auf meiner Haut zu spüren, all das, was ich fühlte. Ich sagte zu Inge: »Auch wenn uns jemand abhört, es ist mir ganz egal, am liebsten wäre ich jetzt bei dir.«

Meine Kinder hielten mich für verrückt, meine Tochter meinte, ich bekäme langsam Demenz, und unsere Bekannten sahen mich so komisch an, als wollten sie sagen, die hat nicht mehr alle Tassen im Schrank.

Bis zu dem Tage morgens um sechs Uhr, als ein Mann und eine Frau an unseren Stand kamen ... Sie sagten, sie suchten eine Maria.

»Das bin ich«, war meine Antwort, »was möchten sie bitte.«

Sie hielten mir zwei Hundemarken vor die Nase und sagten ohne Umschweife: »Wir sind von der

Kriminalpolizei und suchen den Kaffee und die anderen Sachen, die sie bei Ihrem Nachbarn gekauft haben.«

Ich führte sie ins obere Büro, wo der Kaffee gelagert war. »Die anderen Sachen sind bei mir zu Hause«, erklärte ich.

Der Kaffee wurde fotografiert, und niemand durfte mehr das Büro betreten. Sie baten mich, sie zu begleiten, und wir fuhren zu mir nach Hause, um uns die Dinge anzuschauen, die ich gekauft hatte.

Ich wollte zuerst in die Wohnung, da zu dieser Zeit meine Mutter bei mir lebte und auch mein Sohn krank zu Hause im Bett und nicht in der Schule war. Zudem konnte der Hund meines Sohnes – ein Dobermann – fremde Menschen in unserer Wohnung nicht leiden und spielte verrückt, wenn Unbekannte kamen.

Die Frau war sehr freundlich, doch der Beamte spielte seine Macht aus. Meine Mutter war sehr erschrocken, und sie brauchte ein paar Tage, bis sie sich wieder beruhigt hatte. Mein Sohn wollte den Beamten nicht in sein Zimmer lassen, der Hund bellte wie verrückt, es war ein unfassbares Theater.

Mit Genehmigung des Beamten sperrte er den Hund in die große Garage, wo das Leergut stand, und die beiden durchsuchten die ganze Wohnung. Meine Mutter hatte mir Seidenbettwäsche zu Weinachten geschenkt, sie war wunderschön. Diese wollten sie auch mitnehmen, aber ich gab sie nicht her.

»Fragen sie doch meine Mutter, woher ich diese schöne Bettwäsche habe, sie hat sie mir doch geschenkt, zu Weihnachten, sie sitzt im Wohnzimmer. Diese Bettwäsche gehört mir, ich sagte ihnen doch, die Sachen die ich gekauft habe, stehen unten, und hier stehen noch drei Sachen, sie können die ganze Wohnung auf den Kopf stellen, ich habe nicht mehr.«

Sie haben nicht mehr gefunden. Der Mann wollte mit mir in die Halle gehen, und ich erklärte ihm, in der Halle stünden nur leere Kisten. Er glaubte mir nicht.

»Aber wenn Sie doch in meiner Wohnung nichts gefunden haben, was soll ich dann diese Sachen in die Halle stellen, wo jeden Tag die Gärtner und Bauern ihr Leergut mitnehmen?«, fragte ich den Beamten.

Doch er wollte unbedingt in die Halle. Ich hatte nichts dagegen, nur der Hund meines Sohnes hatte etwas dagegen, er knurrte, zeigte seine Zähne und stellte sich so hin, als wolle er ihn anfallen. Der Beamte zog seine Waffe. Voller Angst befahl er mir: »Bringen sie den Hund weg oder ich erschieße ihn!«

»Wenn Sie den Hund erschießen, bringe ich sie um.«

Ich meinte es genau so, was kann der Hund für das alles, er wollte mich doch nur beschützen vor diesem Beamten.

Nun kam auch die Frau kam herunter, und wir einigten uns, dass der Hund in der Halle bleiben konnte. Und es war nichts in der Halle, es war nichts da. Sie schauten noch im Keller, doch es gab auch dort nichts, was mir nicht gehörte. Danach luden sie alles in den Kofferraum ihres Autos, und ich musste mit aufs Präsidium. Es wurden Bilder von mir gemacht und Fingerabdrücke.

Der sehr nette Beamte, der die Fingerabdrücke aufnahm, fragte mich: »Mädchen, was hast du für einen Beruf?«

»Ich habe einen Obst- und Gemüsegroßhandel«, sagte ich.

»Das sehe ich«, sagte er, »du hast in deinem Leben schon sehr viel gearbeitet. Deine Fingerkuppen haben keine Rillen mehr, alles auf natürliche Art abgearbeitet.«

Ja, das stimmte. Wenigstens einer, der sieht, dass ich schon viel gearbeitet habe, auch wenn er von der Polizei ist.

Danach wurde ich dazu befragt, wer alles bei dem Café eingekauft habe, ich sagte ihnen immer wieder, der ganze Markt habe hier gekauft, wenn sie Leute verhaften, dann müssen sie den ganzen Markt verhaften. Sie fragten mich immer wieder, und meine Antwort war immer die gleiche: »Verhaften sie den ganzen Großmarkt, dann haben sie alle.«

Was hätte ich sagen sollen? Ich konnte doch nicht einzelne Leute rausnehmen und behaupten, die haben viel und die anderen haben weniger gekauft, das geht mich nichts an, ich muss nur für mein Leben gerade stehen. Ich habe den Fehler gemacht, dass ich mich habe verleiten lassen, etwas zu kaufen, das ich gar nicht brauchte. Für diesen Fehler muss ich mich ganz alleine verantworten und damit fertig werden.

Nachdem sie nichts aus mir haben herausholen können, rief die Frau beim Staatsanwalt an und informierte ihn, was sie alles bei mir gefunden hätten; auf Fürbitte dieser Beamtin durfte ich nach Hause gehen. Ich habe den Kaffee, den wir ja verschenken wollten, für ungefähr 700 D-Mark eingekauft, was für ein Theater, sie haben mich behandelt wie eine Schwerverbrecherin. Strafe musste ich natürlich auch zahlen, den Höchstsatz. Es war nicht wenig, doch ich war nicht vorbestraft.

Am nächsten Morgen waren so viele Leute bei uns am Stand wie noch nie zuvor. Alle wollten Maria sehen, ach Maria, bist du wieder da, ach ja, war es doch nicht so schlimm, sie haben dich ja nicht behalten, wir wollten nur sehen, ob du noch ganz bist.

Es ist immer das gleiche wer den Schaden hat, braucht für den Spott nicht zu sorgen. Ich blieb ganz ruhig und dachte, es geht vorbei, lass die Leute reden, nächste Woche ist wieder was anderes, du hast schon so viel auf die Reihe bekommen, das überstehst du auch noch.

Nur in einer Situation bin ich beinahe ausgeflippt, und trotzdem war ich ruhig. Ich ging wie immer ins Café zur Toilette; der Mann saß im Gefängnis, und die Frau durfte noch einige Tage weitermachen, bis die Marktverwaltung das Café schließen würde. Ich ging hinein, und am großen Tisch saßen wie immer die gleichen Leute.

»Ach, Maria, dir ist ja nichts passiert, haben sie dich gleich rausgelassen oder musst du wieder rein?«, fragte einer ganz unschuldig.

»Ach, weißt du, sie haben mich immer wieder gefragt, wer hier noch eingekauft hat, und ich sagte ihnen, der ganze Markt hat hier eingekauft. Doch wenn ich jetzt rübergehe in meine Boxe und anrufe, sind die schneller in deinem Haus, als du denkst. Glaubst du, ich habe nicht gesehen, wie oft du mit ganz großen Paketen hier rausgekommen bist? Ich habe dich nicht verraten. Wenn du mich aber weiter so ärgerst, bist du der nächste der abgeführt wird.«

Der ganze Tisch war ruhig, und keiner hat mich mehr geärgert, denn alle sind immer wieder mit großen Paketen rausgefahren. Keinen habe ich verraten, und die wussten das und waren still. Das alles ging vorbei, es war eine Momentsache. Es war schlimm, doch am Schlimmsten war für mich, dass sie meine Liebesschwüre an meine Freundin mitgeschnitten haben. Jedes Gespräch haben sie aufgezeichnet, egal, mit wem ich telefoniert habe, über einen längeren Zeitraum. Das hat mir sehr viel ausgemacht, und heute kann ich Inge nur bitten, dass sie mir verzeiht. Wegen 700 D-Mark habe ich solch ein Durcheinander in unser Leben gebracht.

Wenn ich heute die jungen Leute sehe, die aus der ganzen Welt zu uns nach Deutschland kommen und die machen können, was sie wollen und man kann sie nicht bestrafen, weil sie minderjährig sind, dann frag ich mich manchmal, ob wir Deutschen die dummen sind. Wir werden bestraft, wir müssen bezahlen, und die Jungen lässt man laufen ... Ich bin eine ganz normale Deutsche und habe keine Probleme mit Ausländern, ich habe ein paar ganz liebe Freunde, die nicht aus Deutschland sind und gerne hier leben wollen. Doch kämen diese Leute auch zu uns, wenn sie wie mein Vater in dem Steinbruch arbeiten müssten, für wenig Geld, um die Familie zu ernähren, oder wie meine Freundin aus Köln, die als junges Mädchen Steine wegtragen musste, dass die Straßen wieder frei wurden, oder unsere Mütter, die Steine klopfen mussten, um sie sauber zu machen, damit man wieder Häuser bauen konnte? Kämen alle diese Menschen zu uns, wenn sie das machen müssten und Hunger hätten, weil es nichts zu essen gab? Wollten alle diese Menschen bei uns sein und mit uns Deutschland aufbauen? Unsere Mütter haben den Anfang gemacht, und wir Kinder folgten ihnen nach. Unsere Väter waren an der Front und in den Gefangenenlagern, und heute kommen Männer zu uns, die uns Frauen nicht einmal die Hand geben, nur weil wir Frauen sind. Was wollen diese Männer bei uns? Wir Deutsche sind Christen – den christlichen Glauben wollen dieser Männer aber nicht annehmen. Bei uns sind Männer und Frauen gleichberechtigt, doch diese Männer geben doch den deutschen Frauen nicht einmal die Hand. Sie kennen unsere Sprache nicht. Viele dieser Männer können nicht einmal ihre eigene Sprache lesen und schreiben. Unsere Mütter haben den Anfang gemacht, um Häuser aufzubauen, die diese Männer nun bewohnen, doch sie lehnen unsere Frauen ab. Was wollen diese Männer in Deutschland außer ein schönes Leben, wenn sie alle unsere Werte ablehnen, was wollen sie hier? Ich weiß keine Antwort darauf.

Was musste ich büßen wegen dieser unbedeutenden Sache, es tut mir heute noch leid ...

Doch meine Freundin war mir nicht böse, sie liebte mich und sagte mir: »Du hast einen Fehler gemacht, aber das ist nicht schlimm. Wir alle sind Menschen und machen immer wieder Fehler, weil wir glauben, es ist das Richtige, und erst später sehen wir, dass es ein Fehler war. Sei nicht traurig, auch ich mache Fehler, und ich liebe dich, so wie du bist.«

So war meine Freundin Inge, sie baute mich auf, sie nahm mir meine Komplexe, die ich nicht im Geschäftlichen hatte, aber im Privaten – ich fühlte mich immer minderwertig. Ich glaube, die hat mir mein Mann eingeredet, doch in vielen Gesprächen mit Inge habe ich sie verloren, sie war meine Freundin, eine Freundin die es im Leben nur einmal gibt.

Ja, so saßen wir an diesem Abend in Spanien, Inge und ich, und meine Gedanken sind nach Hause nach Deutschland geflogen. Doch hier blühten die Zitronen das ganze Jahr, und der Duft der Blüten auf die Terrasse durchströmte mich, es roch so frisch, ich liebte diesen Duft. Wir saßen gerne auf der Terrasse. Inge bei einem Glas Wein oder einem spanischen Bier, das so ähnlich schmeckt wie das Kölsch in Köln, und ich bei einem Glas Wasser. Wir redeten und redeten die halbe Nacht. Wir konnten aufstehen, wann immer wir wollten, wir konnten machen, was wir wollten, es war das pure Leben. Bevor wir ins Bett gingen, hüpften wir nochmals nackt in den Pool, um uns frisch zu machen, und dann gingen wir schlafen. Der Nachbar, der immer hinter dem Busch lauerte, war auch schon im Bett.

Am nächsten Morgen weckte uns die Sonne , und wir frühstückten wieder auf der Terrasse. Doch wenn Inge Lust hatte, gingen wir zum Strand und frühstückten am Meer. Die Wellen waren ganz nahe, es war eine Beruhigung, ihnen zuzuhören. Wir waren entspannt, freuten uns, dass die Sonne schien, und waren einfach nur glücklich. Später gingen wir wieder einkaufen, und dann fuhren wir mit dem Auto einfach los nach Süden, nach Westen nach Norden, wohin auch immer wir wollten.

Einmal besuchten wir unsere Freunde bei Moraira an der Costa Blanca in der Provinz Alicante, es waren ungefähr 700 Kilometer bis dorthin. Wir fuhren über die Sierra Nevada. Auch die Berge waren schön, es gab viele Bäume, was bei uns eher selten war. Ganz unten im Süden von Andalusien gab es keinen richtigen Wald, dafür schöne Strände. Bei den Freunden angekommen, wurden wir fürstlich empfangen. Sie hatten einen Pool, der dreimal so groß war wie unserer und in dem man Bahnen schwimmen konnte. Das Wasser war glasklar. Sie zeigten uns das Hinterland, und wir kehrten in Gasthäuser ein, aßen und tranken, erzählten und lachten, es war eine schöne Reise. Es waren drei erlebnisreiche Tage, die sehr schön waren. Als wir abfuhren, luden wir unsere Gastgeber zu einem Gegenbesuch. Zwar sei unser Haus nicht so groß und unser Pool klein, doch sie seien herzlich willkommen. Sie versprachen zu kommen und die Gegend, in der wir wohnten, anzuschauen.

Bei der Heimfahrt sagte Inge, das Haus der Freunde sei so gepflegt gewesen, wir müssten an unserem Haus auch etwas machen lassen, wenigstens weiß streichen. Wir hatten Spanier kennengelernt, die solche Sachen machten, und fuhren vorbei, um zu fragen, ob sie Zeit hätten, unser Haus weiß zu streichen. Ja sie hatten Zeit, und wir machten einen Termin aus, an dem sie kamen. Sie kamen wie vereinbart, und am letzten Arbeitstag mussten wir Geld von der Bank holen, um diese Leute zu bezahlen. Wir holten an einem Automaten Peseten. Nachdem wir das Geld geholt hatten, fiel Inge noch ein, dass im Gästezimmer nur ein Nachtschrank steht. Vielleicht würden wir in dem Secondhand-Laden etwas finden. Wir fuhren zu dem Geschäft. Ich hatte eine Umhängetasche dabei, und weil ich so Kreuzweh hatte, bot Inge mir an, sie zu nehmen.

»Gib mir lieber den Autoschlüssel«, sagte ich zu ihr, »da vorne in dem Haus wohnen Gitanos.«

Inge gab mir den Autoschlüssel und hängte sich die Tasche quer über die Schulter.

Wir liefen ungefähr 150 Meter auf dem Gehweg, der neben einer stark befahrenen Straße lag. Etwa 50 Meter von dem Geschäft entfernt tauchten plötzlich hinter uns einige Männer auf und schrien. Wir

liefen weiter, weil wir sie nicht verstanden. Sie um-
zingelten uns und versuchten, meiner Freundin
die Tasche zu entreißen. Sie packten auch mich,
hielten mich fest, wir konnten uns nicht wehren.
Wir schrien laut um Hilfe, doch kein Auto hielt an,
und kein Fußgänger eilte herbei, um uns zu helfen.
Die Männer zerrten immer weiter an der Tasche,
doch Inge wollte die Tasche mit dem Geld nicht
den Männern überlassen und hielt sie ganz fest.
Da packten die Männer Inge und traten fest auf
sie ein, und weil sie mit vereinter Kraft an der Tasche zogen, riss der Gurt, und die Männer nahmen
die Tasche und rannten weg. Vor lauter Schreck
ließ ich Inge stehen und lief in das erste Geschäft.
Bis mir die Worte auf Spanisch in der Aufregung
einfielen, dauerte es eine Weile. Die Leute im Geschäft riefen die Polizei. Ich rannte zurück zu Inge,
die umringt war von lauter Frauen und Kindern,
allesamt Gitanas ... Sie haben ihr die Tasche wie-
dergegeben, die Schlüssel, alles, was in der Tasche
war – außer dem Geld, das war weg.

Der Polizei mussten wir hinterherfahren. Sie
nahmen den Schaden auf. Ein Freund, der gut
spanisch sprach, kam zur Polizei gefahren, um
zu übersetzen, denn dafür langte mein Spanisch
nicht, sie hatten nicht mal einen Dolmetscher. Die
Polizei ließ uns sitzen. Zuerst tranken sie einen
Kaffee, dann machten sie langsam weiter. Unsere

Gefühle kann ich nicht beschreiben. Wut ,Hass, Angst, Ärger, Anspannung – alles durcheinander. Die Gedanken kamen und gingen, doch waren wir am nächsten Tag so froh, als uns andere Freunde berichteten, dass die Gitanos sehr gefährlich waren und sie vielen Leuten, die auch ihre Taschen nicht hergeben wollten, kurzer Hand das Messer an den Hals hielten und die Menschen schwer verletzten. Das war kein Trost für unsere Situation, doch waren wir Gott dankbar. Wir hatten die Situation gut überstanden, wir lebten noch, wenn auch Spanien ein Land war, in dem wir uns langsam bedroht fühlten. Wenn wir durch die Stadt gingen, drehten wir uns um, ängstlich nach allen Seiten Ausschau haltend, und wenn drei Männer in einer Straße standen und sich unterhielten, konnte ich diese Straße nicht hineingehen vor lauter Angst, sie würden uns wieder überfallen. Nachts wachte ich auf, ging ganz leise durch unser Haus und sah in den Garten. Stand da vielleicht einer, der einbrechen wollte? Mein Angst wurde immer größer, die Unbeschwertheit hatte uns verlassen. Es war alles so bedrohlich, es war nicht mehr, wie es war. Inge und ich verstanden uns immer noch so gut wie am ersten Tag, wir liebten uns, aber wir hatten Angst, in Spanien weiterzuleben wie bisher.

Und dann kam der Gegenbesuch unserer Freunde, sie blieben ein paar Tage. Wir fuhren nach Ronda, das ist eine sehr schöne Ausflugstrecke durch das Gebirge. Wir besuchten das Hinterland, fuhren über Cadiz nach Sevilla, gingen in die Kathedrale, spazierten durch die Stadt, sahen uns die Sehenswürdigkeiten an und was es alles gab, denn wir waren zu viert und nicht alleine unterwegs. Die Angst vor den Menschen war zu viert nicht so bedrohlich wie zu zweit. Es waren schöne Ausflüge. Wir fuhren nach Malaga, besuchten das Museum des Malers Pablo Picasso, der in Malaga geboren ist. Er ist nicht nur Maler gewesen, nein, er war Bildhauer, Grafiker und Keramiker.

Die Kunst und die Kultur hatten uns den Überfall wieder etwas vergessen lassen, doch bei Inge reiften Gedanken, Spanien für immer zu verlassen. Ich merkte, dass etwas nicht in Ordnung war, und sprach sie darauf an: »Was hast du, warum bist du so traurig?«

Sie sprach erst über andere Dinge, dann sagte sie mir, dass sie das letzte Mal mit mir in Spanien gewesen wäre. Ich war überrascht und war es doch nicht.

»Sei nicht traurig, du kannst alleine nach Spanien fliegen und kannst hier Urlaub machen, in deinem Haus«, sagte mir meine Freundin.

Doch das wollte ich nicht, ich hatte doch selbst Angst und sagte ihr: »Wenn du nicht mehr mit mir nach Spanien in Urlaub gehst, dann verkaufe ich das Haus eben, was soll ich alleine in diesem Haus, in dem ich alleine keine Nacht schlafen könnte vor lauter Angst, es überfällt mich einer.«

Mein Entschluss stand fest, ich würde das Haus verkaufen.

In der Urbanisation befand sich ein Maklerbüro, und ich gab diesem Büro den Auftrag, mein Haus zu verkaufen. Bei meinen Freunden fragte ich mich durch, wo es einen spanischen Rechtsanwalt gäbe, der auch deutsch sprach. In der Zwischenzeit brachten wir alles auf Vordermann. Der Garten wurde grundgereinigt, das Haus, der Pool alles war wie geschleckt. Zwei Tage später rief der Makler an und sagte, er hätte einen Interessenten, der sich gerne das Haus anschauen würde. Den Preis, den wir für das Haus verlangen konnten, hatten wir mit dem Makler festgelegt, und wir sahen dem potenziellen Käufer gelassen entgegen.

Es kam eine Familie aus Norwegen mit einem Kleinkind. Sie sahen sich das Haus genau an, waren sehr freundlich und sagten, sie würden sich über den Makler melden. Den ganzen Abend überlegten wir, ob die Familie das Haus nehmen wird oder wir lange warten müssen, bis das Haus verkauft ist.

Am nächsten Morgen rief der Makler an und fragte, ob wir heute Mittag Zeit hätten, um uns mit der Familie zu treffen. Ja, wir hatten sofort Zeit. Am Nachmittag trafen wir uns im Büro des Maklers.

Ich rief eine Bekannte an, die sehr gut englisch sprach. Die Unterredung wurde hauptsächlich auf Englisch geführt, und Inge verstand alles. Der Käufer war sehr interessiert. Erst redete er um den heißen Brei herum, dann kam er zur Sache: Der Preis war ihm zu hoch, wenn ich den Preis mindern könnte, würde er das Haus sofort nehmen, und der Vertrag würde sofort gemacht, der Kauf wäre perfekt. Es war eine ordentliche Summe, die er weniger bezahlen wollte.

Ich stand auf, fragte Inge, ob ich den Betrag richtig verstanden hätte, lief hin und her und war in Gedanken bei meinem Geschäft auf dem Großmarkt. Mir fielen Paletten mit Erdbeeren ein, die ich zu verkaufen hatte. Erdbeeren verderben schnell, wenn ein Käufer kommt, muss man abwägen ... verkaufst du sie zum billigeren Preis, dann hast du weniger Geld, verkaufst du sie nicht, dann hast du sie vielleicht übrig und kannst sie am nächsten Tag in den Müll werfen. Im Geschäft musste ich in Sekundenschnelle abwägen, ich konnte nicht lange überlegen, und so ging es mir in diesem Augenblick.

Was sollte ich machen? Das Haus für weniger Geld verkaufen oder warten, bis ein neuer Käufer kommt? Inge fliegt nicht mehr mit dir nach Spanien, du musst vielleicht drei oder vier Mal allein nach Spanien fliegen, bis du einen anderen Käufer findest, das waren meine Gedanken, und ich sagte ja, ich sei mit dem Preis einverstanden. Alle schauten mich sprachlos an, ich hatte ja gesagt, selbst der Käufer war überrascht, denn er kannte mich und meine Gedanken nicht. In meinem Geschäft hatte man keine Zeit zum Überlegen, schnelle Entscheidungen bestimmten mein ganzes Leben, auch heute noch. Es gibt nur ja oder nein.

Der Vertrag wurde aufgesetzt, es hatte alles seine Ordnung, vier Wochen später würde ich kein Haus mehr haben. Nach dem Verkauf gingen Inge und ich sowie eine Bekannte in ein Restaurant. Ich lud sie ein, und wir besprachen ohne Käufer noch einmal den schnellen Verkauf. Inge meinte, sie habe meine schnelle Entscheidung nur schwer verstehen können, ich hätte einen Preisnachlass gewährt, als würde ich zwei Schachteln Zigaretten verkaufen. Unsere Bekannte meinte, ich hätte das Richtige getan.

Meine Antwort an beide war: »Lieber den Spatz in der Hand, als die Taube auf dem Dach.«

Wir blieben noch zwei Wochen in einem anderen Haus, bis alles erledigt war, dann flogen wir nach Hause, ohne Haus.

In Deutschland hatte ich eine schöne große Wohnung, Inge eine kleinere in Köln, wir pendelten hin und her, machten es uns gemütlich, gingen ins Casino spielen oder spazieren, fuhren mit dem

Auto vier Wochen nach Bad Füssing zur Kur, fuhren nach Belgien, um Freunde zu besuchen, und wir fuhren nach Holland ans Meer. In Bad Füssing machten wir Tagesausflüge nach Österreich, fuhren mit dem Bus nach Wien ... Wir sahen uns Europa an, wir lebten unser neues Leben. Wir genossen es in vollen Zügen!

Doch ab und zu hatte ich Heimweh nach Spanien. Mir fehlte nicht das Haus, mir fehlte das Meer. Morgens schnell ins Auto setzen, ans Meer fahren, frühstücken, den Wellen zuschauen, die Sonne im Winter genießen – danach hatte ich richtig Heimweh, und Inge merkte das. Sie ging ins Reisebüro, brachte mir Prospekte vom Süden Spaniens und Portugal mit, und wir suchten gemeinsam und fanden ein Haus an der Algarve. Es war nicht ein einzelnes Haus, sondern es gab mehrere Häuser in einem Verbund, dazu ein Restaurant, einen beheizten Pool, geteerte Wege, viel Grün, und das alles lag ganz nah am Meer. Wenn das mit den Bildern übereinstimmte, war es an diesem Strandabschnitt sehr schön. Wir buchten das Haus für vier Wochen, für den ganzen März. Zwanzig Kilogramm Gepäck waren nicht viel für vier Wochen, also entschlossen wir uns, nicht zu fliegen, sondern mit dem Auto zu fahren, den Weg nach Andalusien kannte ich ja.

Das Auto wurde vollgepackt mit allen möglichen Sachen, sogar unsere Kaffeemaschine nahmen wir mit und die Pads dazu, das Auto war wie immer voll. Inge schlug vor, unsere alten Freunde zu besuchen und nach dem Haus zu schauen, es interessierte sie, ob der neue Besitzer viel geändert hatte. Wir fuhren diesen kleinen Umweg, besuchten unsere Freunde und übernachteten im Golfhotel. Unser Zimmer lag im dritten Stock. Das Zimmer hatte kein Fenster, sondern nur eine große Schiebetüre zur Terrasse hinaus, die an beiden Seiten abgegrenzt war, damit man nicht ins Nachbarzimmer gelangen konnte. Das Zimmer war sehr sauber, und es gab einen Security-Service im Hotel, wir mussten uns also keine Gedanken machen. Das Auto konnten wir in den Hof stellen, wir waren beruhigt. Es war ein schöner Abend, und wir wollten früh ins Bett gehen. In unserem Zimmer gab es eine Klimaanlage, die Inge nicht vertrug, also machten wir die Klimaanlage aus und ließen die Türe einen Spalt offen, damit Inge Luft bekam. Die Koffer packte ich in den Schrank, zusammen mit unserem Bargeld und den Papieren. Zu Hause hatte ich von allen Papieren Fotokopien gemacht und diese in eine große Tasche gelegt, mitsamt einer kleinen Mappe, in der 100 Euro waren, die wir zum Tanken, für Kaffee oder etwas zum Essen brauchten. Den Geldbeutel mit Führerschein und Ausweis legte ich in die Schublade ins Nachtkästchen das zwischen unseren Betten stand. Gegen zehn Uhr gingen wir ins Bett und schliefen ruhig, bis ich etwas hörte. Da stimmt was nicht, dachte ich und blieb ganz ruhig liegen. Ich rührte mich nicht. Inge schlief tief und fest, ich hörte sie leicht schnarchen. Was war das für ein Geräusch? Etwas bewegte sich in dem Zimmer, was kann das sein, eine Maus oder eine Ratte? Da war es wieder, das Geräusch, jemand schnaufte ... Oh mein Gott, nicht schon wieder, das darf doch nicht wahr sein! Was machst du nun, ich hob meinen Kopf ganz sachte und sah einen Mann vor meinem Bett stehen, der sich langsam in Richtung Schrank bewegte ... Nein, nicht schon wieder unser Geld, und die Originalpapiere ... Nein, diesmal kriegt ihr das nicht!

Ich sprang aus meinem Bett, laut schreiend, rannte zur Tür, riss diese auf und schrie und schrie: »Ladrones, ladrones«, so laut, dass die Security wach wurde und das ganze Hotel.

Auch Inge wachte auf und schrie: »Maria, was ist los?«

»Ein Räuber, ein Räuber, vor deinem Bett ...!«

Auch sie rannte zur Tür und schrie mit mir.

Das wurde dem Dieb zu viel, er packte sich die Mappe mit den einhundert Euro, lief zur Terrasse, sprang ungefähr drei Meter in die Tiefe zum nächsten Balkon und dasselbe noch einmal, dann hangelte er sich an den Blumenkübeln von der ersten

Terrasse seitwärts und ließ sich dann nochmals drei Meter in den Garten fallen.

Es war vier Uhr fünfundvierzig, an Schlaf war nicht mehr zu denken. Wir waren so aufgeregt. Spanien bringt uns kein Glück, ich werde nie mehr nach Spanien fahren, sagte meine Freundin, und sie hielt ihr Wort. Nie mehr sind wir zusammen nach Spanien gefahren oder geflogen. Wir waren beide sehr aufgeregt. Wenn ein Räuber vor deinem Bett steht, und du nicht weißt, wie er reagiert, ist das nicht so einfach.

Als die Polizei kam, war vom Räuber nichts mehr zu sehen, nur die Kamera hatte aufgezeichnet, wie er durch den Garten die Flucht ergriff. Man sah ihn nur undeutlich, das Gesicht war nicht erkennbar, er wusste genau, wo die Kameras hingen. Der Abgang war unfreiwillig, er fand auf die Schnelle keinen anderen Weg. Er musste an der Kamera vorbei, das war gut so, sonst hätten die anderen Gäste gemeint, ich hätte zu viel getrunken und laut geträumt. Die Polizei konnte nichts mehr machen.

Nach dem Frühstück mussten wir noch einmal zur Polizei, doch es dauerte nicht lange. Danach fuhren wir an unserem alten Haus vorbei ... o je, das sah aus, o mein Gott ... Was hatte er mit diesem Haus gemacht? Der Pool aufgerissen, alles so schmutzig ... mir musste es egal sein, es gehörte nicht mehr mir.

»Lass die Leute machen, was sie wollen, es ist ihr Haus und nicht mehr deines«, sagte Inge. Sie hatte recht, über was soll ich mir Gedanken machen, das Haus gehörte mir nicht mehr.

Das war ein trauriger Abgang von Spanien, ja, wir dachten Deutschland ist das bessere Land, das dachten wir damals, es war ein Albtraum dieses Spanien. Doch damals wussten wir noch nicht, dass es noch viel schlimmer kommen würde – nicht in Spanien, nein ... in unserem geliebten Deutschland.

Am nächsten Morgen fuhren wir weiter nach Portugal an die Algarve. Die Fahrt verlief ohne Probleme. Keiner wollte uns überfallen, unser Inneres beruhigte sich langsam, und wir konnten die Fahrt etwas genießen. Am Ankunftsort überraschten uns die malerischen Strandabschnitte, es war wie in einem Bilderbuch: Das Meer und der Himmel strahlten um die Wette, die Farbe tiefblau, alles so bildschön. Das Haus entsprach unseren Erwartungen – es war ein Reihenhaus, der Eingang war an der Vorderfront. Es gab eine Küche, ein kleines Badezimmer mit Toilette, ein Esszimmer, ein großes Wohnzimmer und davor eine Terrasse, auf der ein Tisch mit Stühlen stand und noch zwei Liegen. Wir konnten morgens auf der Terrasse frühstücken und auf das Meer schauen. Wie in Spanien. Ich fühlte mich gut und konnte die Ereignisse in Spanien allmählich aus meinen Gedanken verbannen, zumal auch die Security immer anwesend war und schaute, dass niemand, der nicht hierher gehörte die Anlage betrat. Für uns war das eine große Beruhigung, jeden Tag kam die Putzfrau, sogar sonntags, alles war so, wie wir es uns gewünscht hatten. Immer am Morgen machten wir Pläne für den Tag, schauten nach dem Wetter und entschieden uns dann, wie der Tag verlaufen sollte. Am Anfang unseres Urlaubes machten wir die großen Ausflüge und fuhren mit dem Auto an die bekannten Urlaubsziele. Doch dann fühlte sich Inge nicht mehr so wohl. Es lag nicht an der Unterkunft, nein, sie bekam schlecht Luft, obwohl wir am Meer waren, und hatte einen starken Husten. Es ging ihr schließlich so schlecht, dass sie mich bat, doch mit mir nach Hause zu fahren, denn sie war der Meinung, zu Hause ging es ihr besser. Ich folgte ihrem Wunsch, denn ich sah, wie sie sich quälte.

»Wenn du willst, fliege mit dem Flugzeug, ich fahre dann mit dem Auto alleine zurück«, bot ich ihr an, doch das wollte sie nicht.

Wir beendeten unseren Urlaub zwei oder drei Tage früher als geplant und fuhren zurück, ich sorgsam achtend, dass uns niemand verfolgte, immer genau vor dem Eingang einer Raststätte parkend, immer auf der Hut vor Überraschungen. Wir schafften unsere Rückfahrt ohne Probleme in zwei Tagen.

Am nächsten Tag ging ich mit Inge zu unserer Hausärztin, die sie sofort in ein Krankenhaus einwies. Ich besuchte sie im Krankenhaus, doch zunächst durfte ich nicht ins Zimmer, weil Ärzte anwesend waren. Nach der Visite durfte ich das Zimmer betreten. Inge lag im Bett, schneeweiß im Gesicht.

»Was ist los?«, fragte ich, »hast du Krebs?«

»Nein«, war die Antwort, »der Arzt sagte mir, es gibt nur zwei Möglichkeiten: aufhören zu rauchen und die Stiefmütterchen von oben sehen oder weiterrauchen und die Stiefmütterchen von unten sehen.«

Inge rauchte sehr viel.

»Das ist doch nicht schlimm, du hörst auf zu rauchen, und ich höre auf, so viel zu essen«, gab ich zurück.

Inge gab mir ihre Zigaretten mit nach Hause, und sie hielt ihr Wort. Niemals mehr hat sie eine Zigarette angefasst – nur ich aß munter weiter ... Sie sagte einmal zu mir: »Maria, du bist der ehrlichste Mensch, den ich kenne. Nur was du mir über dein Essen erzählst, ich glaube, da lügst du mich manchmal an.«

Sie hatte so recht! Das Essen bedeutete mir mehr als nur Genuss, jede Aufregung ging auf mein Gewicht, egal, was es war. Es war wie eine Sucht, und mir fehlte die Disziplin.

Doch Inge hörte mit dem Rauchen auf, und es ging ihr bald wieder besser, sodass wir wieder Ferienpläne schmieden konnten.

»Wir fahren nach Frankreich«, sagte Inge eines Morgens, »wir fahren an die Atlantikküste, dort gibt es feinen Sand, wilde Küsten an der Südgrenze der Bretagne und der spanischen Grenze, die gespickt ist mit wundervollen Orten und Städten voller Charme und Historie, die sehr beliebt ist bei Surfern, das wird uns gut gefallen.«

Wir fuhren viele Kilometer an der Küste entlang von Biarritz bis Bordeaux – Strände ohne Ende ... Wir fuhren über Nantes nach St. Nazaire bis auf die Insel Île de Ré bei La Rochelle, wo wir auf einem Campingplatz ein Apartment fanden, in dem wir einige Tage verbringen durften. Die Insel ist ein wahres Juwel unter den Inseln mit ihren feinen weißen Sandstränden. Der salzige Geruch des Meeres taten Inge und auch mir sehr gut. Nachmittags fuhren wir zum Hafen, tranken Kaffee und schauten den bunten Booten zu, wie sie herein- und herausfuhren, oder wir saßen an unserem Campingplatz am Meer. Er lag hinter einer Düne, wir mussten ungefähr zwanzig Stufen hochgehen, dann standen wir oben und sahen und rochen das Meer. Wir setzten uns auf zwei Stufen – Inge saß über mir, sie nahm mich in den Arm. So konnten wir stundenlang sitzen, beobachteten den Sonnenuntergang und die aufziehenden Sterne am Himmel, es war grandios, und wir genossen es.

Doch auch der schönste Urlaub neigt sich dem Ende zu, und wir mussten wieder zurück nach Deutschland. Bei der Heimreise fanden wir kein Hotel zum Übernachten, nur ein Zimmer in einem Privathaus. Als Inge am nächsten Morgen das Wasser unter der Dusche aufdrehte, kam nur eine braune Brühe heraus, und ich sagte zu ihr, wir sollten hier lieber nicht duschen, das Wasser sei zu schlecht, doch sie folgte mir nicht, sie duschte, während ich lieber nach Schweiß roch als mit diesem Wasser zu duschen.

Später hat Inge ihre Entscheidung bitter bereut. Das Wasser war voll mit Legionellen, eine unsichtbare Gefahr, man sieht sie nicht man hört sie nicht, doch sie sind vorhanden.

Schon während der Heimreise ging es Inge immer schlechter, sie bat mich sogar, sie direkt nach Hause nach Köln zu fahren, zumal sie auch einen Termin beim Frauenarzt habe, den sie wahrnehmen wolle.

Ich fuhr sie nach Hause, blieb zwei, drei Tage bei ihr und erledigte alle Einkäufe, damit sie nicht aus dem Haus musste, doch es ging ihr immer schlechter.

Am Telefon sagte ich ihr, sie solle zum Lungenarzt gehen, weil sie keine Luft bekam. Sie ging zum Arzt, doch der sagte, es wäre nicht so schlimm und verschrieb ihr Präparate für den Husten, das war alles.

Obwohl Inge kaum noch laufen konnte, schleppte sie sich zur Frauenärztin. Als die sie sah, sagte sie nur: »O Gott, wie sehen Sie aus!« Meine Freundin erzählte ihr, sie wäre beim Lungenarzt gewesen, der hätte sie nicht ins Krankenhaus eingewiesen, obwohl sie ihn darum gebeten hatte. Die Ärztin war entsetzt, rief den Arzt an und sagte ihm, wenn er die erforderlichen Unterlagen nicht sofort fertigmachen würde, sodass Inge unverzüglich ins Krankenhaus eingeliefert werde, würde sie die Kammer anrufen, um ihn dann wegen unterlassener Hilfeleistung anzuzeigen.

Das hatte gewirkt. Inge fuhr mit dem Krankenwagen, den die Ärztin gerufen hatte, ins Krankenhaus. Der Lungenarzt machte die Papiere fertig und faxte sie ans Krankenhaus, und so ging alles sehr schnell. Inge rief mich an, sagte mir, was ich ihr für Kleider ins Krankenhaus bringen sollte und in welchem Krankenhaus sie lag. Sofort machte ich mich auf den Weg nach Köln, brachte ihr ihre Kleider und war sehr froh, dass sie nun im Krankenhaus Hilfe erhalten würde.

Doch es ging ihr immer schlechter, keiner wusste, was sie wirklich hatte. Und dann endlich die Diagnose, Inge hatte die Legionärskrankheit. Sie hatte sich beim Duschen diese Krankheit geholt. Gott sei Dank hatte ich nicht geduscht. Oftmals verläuft diese Krankheit tödlich, weil man sie so schlecht erkennen kann. Inges Lunge war sehr angegriffen, und der Arzt erklärte ihr, dass sie ohne Sauerstoff nicht mehr leben könne. Ganz verzweifelt rief Inge mich an, und da ich in ihrer Wohnung war, konnte in zehn Minuten bei ihr sein. Wir besprachen alles zusammen mit der Ärztin. Fürs erste bekam sie einen Sauerstoffgenerator mit nach Hause, ein mobiles Gerät, das man an den Strom hängt. Er zieht auf der einen Seite die Luft an, wandelt sie im Inneren um und gibt sie als reinen Sauerstoff auf der anderen Seite wieder ab.

Zuhause kam Inge damit gut zurecht, sie konnte den Generator hinter sich herziehen von einem Zimmer ins andere. Doch sie konnte nicht mehr auf die Straße, wie sollte das gehen? Wir erhielten von der gleichen Firma noch einen kleinen elektrischen Generator, den wir im Auto anschließen konnten. So konnte sie wenigstens zu mir nach Hause, damit ich nach ihr schauen konnte. Wir packten alle nötigen Kleider für einen längeren Zeitraum ins Auto und fuhren mit den Generatoren zu mir nach Hause.

Wir waren gewöhnt, jeden Tag außer Haus zu gehen, und es bedrückte Inge sehr, dass dies nun nicht mehr möglich war. Damals konnte ich ihr noch nicht helfen, ich musste mich erst schlau machen über das Ausmaß ihrer Lungenerkrankung. Sie hatte COPD – chronic obstructive pulmonary disease –, zu Deutsch etwa chronisch-obstruktive Lungenerkrankung. Es ist eine sehr schwere Krankheit, von der oftmals starke Raucher betroffen sind, bei Inge kamen noch die Legionellen im Duschwasser hinzu. Die Lunge war kaputt.

Fürs erste war Inge nun bei mir in meinem Haus. Gemeinsam informierten wir uns, was wir alles machen konnten, damit diese Krankheit sich bessern würde, doch es gab keine Besserung, die Krankheit war zu weit fortgeschritten und würde nur noch schlimmer werden. Wir gaben nicht auf, setzten uns mit ihrer Krankenkasse in Verbindung, traten einer Gruppe bei, suchten Anschluss bei Leuten, die dieselbe Krankheit hatten, führten lange Gespräche mit anderen Betroffenen. Wir bekamen den Tipp, uns von der Krankenkasse flüssigen Sauerstoff verschreiben zu lassen, den bekamen wir dann auch. Es war ein großer Behälter der 44 Liter Flüssigsauerstoff enthielt. Der Fahrer brachte den Sauerstoff und machte mit mir eine Einweisung, wie viel Liter in der Stunde er eingestellt werden musste. Für mich war das kein Problem, ich hatte es schnell gelernt. Was ich persönlich noch wollte, war ein 20-Liter-Behälter für das Auto, den stellten wir in den Kofferraum, dazu zwei kleine Behälter, die man oben aufsetzte, um Sauerstoff zu tanken. Jetzt war ich wieder zufrieden, wir waren wieder mobil.

Ins Ausland konnten wir nicht mehr fliegen, also fuhren wir mit meinem Auto zur Kur nach Bad Füssing, den Sauerstoff bekamen wir über die nächste Firma für drei Wochen kostenlos geliefert; alle anderen Behälter musste meine Freundin selbst zahlen. Doch das Geld war gut investiert, ich gab ihr den Rat, ihre Rente für sich auszugeben, um alle Möglichkeiten auszuschöpfen, damit es ihr gut geht. Sie folgte meinem Rat. Was machbar war bei dieser Krankheit, haben wir ausprobiert. Zwar ließ sich die Krankheit nicht aufhalten, doch wir waren noch mobil und fuhren gerne nach Bad Dürkheim. Die Luft war für sie dort viel besser. Ich fuhr immer nah bis an die Hotels oder Gasstätten heran, damit Inge nicht so weit laufen musste, einen Schwerbehindertenausweis hatten wir in der Zwischenzeit erhalten, das machte die Mühsal der Anreise etwas erträglicher.

Und was die Hauptsache war: Wir hatten eine Hausärztin, die immer für Inge erreichbar war. Sie gab sich große Mühe und tat alles, was in ihrer Macht stand. Diese Ärztin ist eine sehr gute Ärztin, die Inge in ihrer schweren Zeit sehr geholfen hat. Als sie sehr schwach wurde, kamen die Ärztin und ihr Mann sogar zu mir nach Hause gefahren und opferte ihre Mittagspause. Wo findet man heute noch so selbstlose Ärzte? Für diese Dienste an Inge bin ich ihr dankbar, solange ich lebe.

Das Leben ging weiter, wir mussten mit der Krankheit fertig werden. Wir ließen uns nicht unterkriegen, nein, wir zwei hielten zusammen. Wir fuhren jeden Monat nach Köln, blieben solange der Sauerstoff reichte, und fuhren nach Bad Neuenahr. Wir unternahmen immer noch viel und waren füreinander da. Ich hatte ja auch noch meine Arbeit, und gemeinsam hatten wir zwei kleine Hunde, mit denen ich laufen musste, der Tag war ausgefüllt. Wir hatten trotz der Krankheit noch Spaß am Leben.

Doch zwischendurch holte mich auch meine Pflicht ein: Im Nachbarort besaß ich eine kleine Kellerwohnung in einem Mehrfamilienhaus mit sieben Parteien. Die Wohnung war vermietet, aber wir hatten jedes Jahr eine Eigentümerversammlung. So auch dieses Jahr. Auf der Einladung stand, die Eigentümerversammlung findet am 20. August um 18 Uhr statt. Ich informierte Inge, dass ich dieses Jahr die Versammlung besuchen werde, da wir letztes Jahr um diese Zeit nicht da waren und ich nicht jedes Jahr fehlen könne.

Am zwanzigsten August machte ich mich fertig, gab Inge einen Abschiedskuss und plante, bis um 20 Uhr wieder zu Hause zu sein. Also tschüss, und weg war ich. Vor dem Haus waren freie Parkplätze, einen nahm ich in Anspruch, stellte mein Auto ab und ging die Treppen hoch zum Restaurant. Die Eigentümerversammlung fand in einem Nebenraum statt, der durch Schiebetüren abgeteilt worden war. Die Tische waren U-förmig angeordnet. Wir waren sieben Eigentümer und acht Personen in dem Raum. Die ersten waren schon da, ich setzte mich neben eine Eigentümerin und saß so, dass ich die Türe im Blickfeld hatte. Nach mir kamen noch der letzte Eigentümer und seine Frau. Die Frau setzte sich neben mich, und der Mann setzte sich an das Ende des Tisches. Die Augen des Mannes flackerten so komisch, ich bekam Angst und dachte, o Gott, was wird das heute werden. Der macht bestimmt wieder Schwierigkeiten wegen Geld, und es gibt wieder ein großes Geschrei. Der Mann war immer böse, wir mussten immer ja sagen, nur um in zufriedenzustellen, und doch machte es ihm keiner Recht. Wenn ich nur diese eine Wohnung gehabt hätte und hätte darin wohnen müssen, ich wäre schon längst ausgezogen – nein, mit diesem bösen Mann wollte ich nicht in einem Haus wohnen, das sagte ich mir immer wieder, obwohl ich diese Kellerwohnung von ihm gekauft hatte. Er war schon über zwanzig Jahre Eigentümer, und er machte immer wieder Ärger.

Alle Wohnungen mussten neu vermessen werden, und weil ihm das Ergebnis nicht gefiel, wurde noch einmal vermessen, alles auf unsere Kosten. Die Wohnung hatte ich über einen guten Freund gekauft, er managte alles, ich brauchte beim Notar nur noch unterschreiben, doch er verschwieg, dass ich einen Keller gekauft hatte und keine Wohnung, die Notarin erklärte es mir, aber damals verstand ich es nicht. Alle Eigentümer musste beim Notar unterschreiben, dass sie damit einverstanden waren, dass es eine Wohnung war. Die Wohnung wurde ins Grundbuch neu eingetragen. Der Eigentümer der Wohnung musste damals vor vielen Jahren eine Toilette einbauen, die alle Fäkalien, auch das Badewasser und das Wasser der Küche, in die Abwasseranlage hob, damit es keinen Rückstau gab. Einmal war die Toilette defekt, während ich mit Inge in Spanien war; doch der gute Freund, der mir die Wohnung besorgt hatte, nahm sich des Schadens an, ließ es reparieren, ich brauchte mich um nichts kümmern, nur zu bezahlen. Doch das war schon vor achtzehn Jahren, an diese Reparatur konnte ich mich heute nicht mehr erinnern, zumal ich in dieser Zeit so verliebt war und mich diese Sachen nicht interessierten. Der Schaden wurde behoben, die Sache war erledigt. Nicht aber für den Eigentümer, der mir diese Wohnung verkauft hatte. Er fand immer Gründe, um die anderen fertig zu machen, er hatte mit jedem Eigentümer Streit. Als ich einmal einen Mieterwechsel hatte, ging er einfach in die Wohnung, schaute sich die Toilette an, und als er feststellte, dass es eine andere als die von ihm Eingebaute war, schrieb er einen Brief ans Landratsamt und zeigte mich an. Das Landratsamt forderte mich schriftlich auf, zu diesem Vorfall Stellung zu nehmen. Zuerst rief ich an und wusste nicht mehr, um was es sich handelte. Die Dame war sehr freundlich, sagte mir am Telefon, dass ich mich schriftlich bei ihr melden solle. Wir schrieben einen Brief zurück, dass sich dieser Vorfall schon vor vierzehn Jahren ereignet habe, die Toilette sei kaputt gewesen, deshalb habe man eine neue eingebaut, mitsamt einem Rückstauventil, damit kein Wasser zurückfließen konnte. Während all der Zeit war nie etwas passiert, aber ich machte einen Vorschlag: Ich werde das Rückstauventil überprüfen lassen und, wenn es nicht in Ordnung ist, ein neues einbauen lassen. Außerdem werde ich noch einen Vertrag abschließen, der vorsieht, dass das Abwasser jedes Jahr auf meine Kosten überprüft wird. Das habe ich auch getan, es sind jetzt achtzehn Jahre, und ich hatte damit noch nie Schwierigkeiten. Das Landratsamt schrieb mir zurück, das gehe in Ordnung; der Verkäufer meiner Wohnung erhielt wahrscheinlich den gleichen Bescheid, und das war mein Todesurteil.

Doch das wusste ich an diesem Abend alles noch nicht, ich sah nur, dass der Eigentümer wieder mal auf hundert war. Die Punkte, die zu bearbeiten waren, hakten wir nacheinander ab. Der Eigentümer, von dem hier die Rede war, hob immer seine Hand für sein Veto, und seine Frau, die neben mir saß, musste ihn stets umstimmen. Er wurde immer nervöser, sprang auf, stieß den Stuhl um und schrie, wir wären alle Gauner, wir wären allesamt Verbrecher, wollten ihn nur um sein Geld betrügen. Er ballte die Fäuste, hob die Hände in die Höhe und schrie.

Bis es dem Verwalter zu bunt wurde und er ganz höflich sagte: »Bitte setzen Sie sich an Ihren Platz und geben Sie Ruhe.«

Doch er gab keine Ruhe, er schrie weiter.

Der Verwalter sagte noch einmal: »Bitte geben sie Ruhe oder verlassen sie den Saal, so können wir nicht weiterarbeiten.«

Er gab keine Ruhe.

Der Verwalter sagte zu ihm: »Wenn sie keine Ruhe geben und nicht den Saal verlassen, holen wir die Polizei.«

»Was wollt ihr dann machen, wollt ihr mich erschießen?«, brüllte er.

»Nein, wir holen die Polizei, damit sie endlich Ruhe geben.«

Nach einiger Zeit gab er nach und verließ den Raum.

Als er den Saal verlassen hatte sagte ich zu seiner Frau: »Ihr Mann ist nicht mehr ganz sauber, gehen Sie bitte mit ihm zum Arzt.«

»Ich weiß, ich weiß«, war ihre Antwort.

Alle waren aufgeregt, doch wir machten ohne den Mann weiter, denn seine Frau hatte ja ein Stimmrecht, ihr gehörte die Wohnung zur Hälfte. Wir waren am letzten Punkt angelangt, als die Türe aufging. Der Mann stand am Eingang der Türe und hielt eine Pistole am Anschlag, er schrie: »Jetzt könnt ihr die Polizei holen!«

Und dann fing er an zu schießen.

Auf wen er zuerst anlegte und schoss, weiß ich nicht mehr, ich weiß auch nicht, was ich dachte in diesem Augenblick, ich weiß es nicht, ich weiß nur, lieber Gott hilf mir, ich habe nicht an die anderen gedacht, nur an mich, das sind alles nur Sekunden, in denen du versuchst, dein Leben zu retten, und doch weißt du nicht, was du machen sollst, du weißt nicht, wohin du gehen sollst, es geht alles instinktiv, du schaust dich um, wo soll ich hin, was kann ich tun, du kannst keinen klaren Gedanken fassen, alles, was du kannst, ist beten, lieber Gott, hilf mir, lieber Gott hilf mir. Dein Geist gibt nicht auf, er sucht für dich einen Fluchtweg. Es sind nur Sekunden, die dir wie eine Ewigkeit vorkommen. Mein Kopf sah den Ausweg, die Frau auf der gegenüberliegenden Seite sprang vom Stuhl auf, lief auf das Glasfenster zu, ich sah zur Seite, in dem Glasfenster befand sich eine Türe, die auf eine Terrasse ging, wo viele Leute an Tischen saßen, um den Abend zu verbringen. Ich rannte der Frau hinterher, da spürte ich einen Schmerz am Arm, es tat so weh, ich schrie auf vor Schmerzen, rannte weiter zur Türe, ich musste aus diesem Raum, ob ich Schmerzen hatte oder nicht, ich lief schreiend aus dem Raum, wollte auf der Terrasse nach vorne laufen, da sagte plötzlich eine ganz laute Stimme in meinem Kopf: Maria geh zurück! Abrupt blieb ich stehen drehte mich um sah eine Wendeltreppe, die nach unten führte, die Frau auf der gegenüber-liegenden Seite lief schon die Stufen hinunter, ich rannte ihr hinterher, sah noch zurück, ob er uns nachkam und sah, wie ein Mann eine Frau im Arm blutüberströmt die Treppe hinunterführte, ich dachte nicht an die Frau, ich dachte nur, Gott sei Dank, er kann uns nicht nachrennen und uns in den Rücken schießen. Unten angekommen dankte ich Gott für seine Hilfe, nicht wissend, dass wir noch nicht außer Gefahr waren. Wir liefen zum Tennisplatz, versteckten uns so gut es ging. Wir sahen nicht, dass wir beide blutüberströmt waren, wir sahen nichts, wir hörten die Schüsse, die er noch abfeuerte, oh mein Gott, wen wird er jetzt noch versuchen zu erschießen, dachte ich, sah nicht, wie schwer verletzt ich war, konnte keinen klaren Gedanken fassen, hatte nur starke Schmerzen in meinem Arm, hörte weitere die Schüsse ... Dann war eine Weile Ruhe, und es kam ein letzter Schuss. Da wusste ich in meinem Inneren, jetzt hat er sich selbst erschossen.

Bald darauf kamen Sanitäter, einer von ihnen schnitt mir meinen Pullover vorne auf und den BH. Er machte einen Schnitt von unten nach oben, schob meinen Pullover zur Seite ... dort, wo sonst meine Brüste waren, sah ich nur zwei Löcher voll mit Blut. Keinen klaren Gedanken konnte ich mehr fassen, doch ich dachte an meine Freundin, fragte nach einem Telefon, damit, wenn sie hörte, dass es eine Schießerei gab, nicht erschrickt.

Ich rief sie an: »Inge, der Mann aus der oberen Wohnung hat auf uns geschossen, mach dir keine Sorgen, er hat mich getroffen, ich glaube, ich muss ins Krankenhaus, doch ich lebe noch. Sage bitte meiner Tochter Bescheid. Inge, ich liebe dich.«

Inge rief meine Tochter an und erzählte ihr, was passiert war, und dass sie nach mir schauen solle. Meine Tochter dachte nur, jetzt ist sie übergeschnappt, das kann doch gar nicht sein. Meine Mutter bei einer Schießerei, das gibt's doch gar nicht.

In der Zwischenzeit kamen mehr Sanitäter, die sich um die anderen Verletzten kümmerten, doch vor der Polizei durfte niemand das Haus betreten, es ist gut so, man weiß ja nicht, wie viele Täter noch im Haus sind, man braucht nicht unnötige Leben aufs Spiel zu setzen. Da müssen halt die Verletzten noch warten.

Meine Tochter kam, die Polizei hatte sie durchgelassen. Ich war froh, sie zu sehen, bat sie, Inge zu beruhigen, sie regt sich doch so auf, dann muss sie wieder ins Krankenhaus.

Bald darauf kam der Rettungsdienst mit den Krankenwagen, ich bekam Schmerzmittel und war wie in einem Dämmerschlaf, doch als sie mich auf der Bahre zum Auto fuhren, hob ich den Kopf, sah die vielen Krankenwagen in Reih und Glied stehen, und meine Gedanken waren, hier geht es zu wie in Amerika, wir haben hier Klein-Amerika.

Mit Blaulicht fuhren wir nach Ludwigshafen in die BG Unfall-Klinik. Zuerst wurde ich in den Schockraum gefahren, es waren viele Ärzte und Schwestern da, jede hatte eine andere Aufgabe, um den Menschen zu helfen, die eingeliefert wurden. Viel habe ich nicht mitbekommen, sie sprachen mit mir, ich gab ihnen Antwort, sie fragten mich immer wieder, woher das viele Glas auf meinem Kopf kommt, ich wusste es nicht. Wie im Traum sah ich meine Kinder, mein Sohn war in der Zwischenzeit auch eingetroffen, die sagten mir du wirst jetzt operiert, auch die Ärzte sagten es mir, ich weiß noch, dass ich fragte, was mit meiner Brust wird. »Die operieren wir auch.«

Dann war ich nicht mehr erreichbar, erst im Bett wachte ich wieder auf.

Am nächsten Tag kam die Kriminalpolizei zu mir ins Krankenhaus, um mich zu den gestrigen Ereignissen zu befragen. Ich sah die Sache anders als sie, doch wollte ich zuerst wissen, wen er getötet hat. Es waren die zwei Männer, die mit dem Rücken zu ihm saßen, die waren leichte Beute für ihn gewesen; den Verwalter hat er schwer verletzt, die Frau neben mir ließ sich sofort auf den Boden fallen, sie hatte keine Schussverletzungen, doch musste sie auf dem Boden mit ansehen wie die beiden Männer um ihr Leben kämpften. Seine Frau saß neben mir, und als er ein paar Mal auf mich geschossen hatte, hatte er auch seine Frau erwischt, sie bekam einen Schuss in ihren Po, bevor er mich am Oberarm erwischte, er hatte immer auf mein Herz gezielt, er schoss durch meine Brüste ... Auf der Terrasse zielte er zuerst auf meine Beine, doch der Schuss verfehlte mich und traf die Frau, die außen auf der Terrasse saß, dann zielte er auf meinen Kopf, stand immer noch innen an der Eingangstüre, er konnte durch die große Glasscheibe nach außen schauen, er schoss, aber in meinem Kopf war diese Stimme gewesen: »Marie, geh zurück!« Ich war stehengeblieben, weshalb mich der Schuss um Millimeter verfehlte, hinein in Scheibe, deshalb hatte ich all das Glas auf dem Kopf. In der

Zwischenzeit war der Irre auf die Terrasse gerannt, wollte uns nachrennen, doch er konnte nicht, weil der Mann seine verletzte Frau hinunterführte. Die anderen hatten sich in der Küche versteckt und in der Speisekammer, er rüttelte an der Küchentüre, wollte die beiden erschießen doch die Türe hielt seinem Druck stand, dann lief er die Treppen hinunter, suchte uns, der Mann mit der verletzten Frau kam ihm entgegen, und der Mann fragte ihn, warum er das tue, ich glaube, er entschuldigte sich, sagte er wolle niemanden etwas antun, nur uns sechs wolle er erschießen. Dann war er wieder zum Restaurant zurückgegangen, wo er sich schließlich selbst die Kugel gab.

Einige Zeit lag ich im Krankenhaus, hatte drei Operationen, mein Arm war gelähmt –es war der linke Arm, ich war Linkshänderin. Es waren schlimme Tage für mich und Inge. Sie kam auch ins Krankenhaus, so wie ich befürchtet hatte, es war ein Tiefpunkt in unserem Leben.

Sie sind Opfer, doch außer dem weißen Ring kümmert sich niemand um sie. Sie sind Opfer und bleiben Opfer. Nur meine Familie hat sich um uns zwei gekümmert, meine Tochter vor allem. Sie ist von Beruf Krankenschwester, bei ihr waren wir an der richtigen Stelle, doch sie hat einen Beruf und musste arbeiten. Ihre Freunde besorgten uns eine Frau aus Polen, sie blieb sechs Wochen bei uns, doch irgendwann ging sie, es war ihr zu viel. Meine Tochter nahm sich dann eine Weile Urlaub und versorgte uns. Arbeiten konnte ich ja auch mit einem Arm, und Inge war so genügsam, wir packten das. Mein Sohn kaufte für uns ein, und wenn er Zeit hatte, kam er auch und half in der Wohnung. Dreimal die Woche bekam ich Massage, es ging wieder aufwärts.

Doch Inge ging es immer schlechter, fast alle vier Wochen musste sie ins Krankenhaus. Die Aufregung war nicht gut für sie, und die Hausärztin sagte zu mir, als sie uns besuchte: »Ihre Freundin ist schwer krank.« Das gab mir den Ansporn, ich musste wieder Auto fahren lernen, also bestellte mir einfach ein Auto mit Automatik und sagte mir, du musst das können, ich sagte es mir immer wieder. Außerdem machte ich fleißig Übungen, damit ich meinen Arm wieder bewegen konnte.

Eines nachmittags setzte ich mich zu Inge aufs Sofa, und sie nahm meine rechte Hand. Wir hatten auch nach dieser langen Zeit, die wir uns nun kannten, immer noch etwas zu erzählen. Die Hunde schauten sich das eine Weile an, doch es passte ihnen nicht, wie wir zwei auf dem Sofa saßen, und schwupps kam die eine nach links, die andere an meine rechte Seite. Beide wollten von mir gekrault werden. Ich legte meine rechte Hand auf den Kopf des einen Hundes und meine linke, die ich nicht bewegen konnte, auf den Kopf des anderen Hundes. Der Hund schaute mich an, als wollte er sagen: »Kraul mich doch!« Und tatsächlich machte die linke Hand Kreise auf dem Kopf des Hundes, so wie die rechte Hand auch. »Inge!«, sagte ich zu ihr, »Inge, schau, ich kann meine Hand wieder bewegen.« Die linke Hand machte diese Bewegungen wie die rechte Hand. »Inge, rief ich, schau, meine Hand geht wieder, ich kann meine Hand wieder bewegen!«

Wir waren überglücklich, jetzt brauchten wir niemanden mehr, jetzt können wir uns wieder selbst versorgen. Der Neurologe sagte mir, es könne zwei bis drei Jahre dauern, bis ich wieder Gefühle in die Hand und in die Finger bekomme, doch es war schneller gegangen. Es war erst der Anfang, und wir hatten große Mühe, bis ich auf dem Stand von jetzt gekommen bin, viele Übungen liegen hinter mir, und auch heute noch gebe ich auf meinen Arm Acht, als wäre es der größte Diamant. Nicht mehr tragen als 2,3 Kilogramm und nicht fallen, das ist das Schlimmste. Auch wenn ich wieder schreiben kann, wenn ich den Arm längere Zeit anstrenge, muss ich aufhören, dann fängt er an zu zittern. Viele Sachen kann ich nicht mehr tun, aber ich kann mir die Hosen mit beiden Händen hochziehen, ich kann mir wieder Strümpfe anziehen und in der Nase bohren, ich kann wieder schreiben, nicht schnell zwar, aber wenn man älter ist, kann man auch langsamer machen – zum Beispiel die Schuhe binden, all die Kleinigkeiten, die man macht und sie gar nicht bemerkt, erst dann wenn man es nicht mehr kann.

Ich darf nicht klagen, es ging mir den Umständen entsprechend gut, und was das Schöne ist: Ich durfte noch bei meiner Freundin bleiben ... Der Mann hat alles probiert, um mich zu töten, doch ich hatte Schutzengel die über mich wachten, gegen die haben die besten Schützen der Welt keine Chancen.

Inge bekam immer weniger Luft, obwohl sie rund um die Uhr mit Sauerstoff versorgt wurde. Der Sauerstoffbehälter wurde überall mit hingeschoben, morgens in die Dusche, dann in die Küche zum Frühstücken, dann kam er ins Wohnzimmer und nachts vor das Schlafzimmer – wenn er im Zimmer stand, blubberte er so laut, da konnte Inge nicht schlafen. Nachts, wenn Ruhe einkehrt, hört man alles doppelt so laut wie am Tage, da musste das Gerät nach draußen. Wir ließen immer die Türe auf, und wenn etwas nicht in Ordnung war, hörte ich sie nach mir rufen. Ich stand auf und schaute nach ihr. Schon bald musste sie wieder ins Krankenhaus, sie hatte in der Zwischenzeit COPD-Stufe vier das ist die höchste Stufe der Krankheit. Ihr Herz war bereits angegriffen von dieser Krankheit.

Mit dem Auto bin ich dem Krankenwagen nachgefahren, ich wollte bei ihr sein, damit sie weiß,
dass sie nicht alleine ist. Ich hörte sie draußen vor
der Türe schreien, ich litt mit ihr, ich spürte ihren
Schmerz, und doch konnte ich ihr nicht helfen.
Später durfte ich dann nach ihr schauen, sie hatten
ihr Schmerzmittel gegeben, am Unterarm musste
etwas genäht werden. Die Ärzte schickten sie wieder nach Hause, doch nach drei Tagen rief Inge:
»Maria hilf mir, ich verblute!« Schnell rannte ich
zu ihr, das Blut spritzte aus der Arterie von ihrem
Arm.

»Drück auf den Arm!«, rief ich und holte schnell
ein Druckverband, versuchte es, so gut ich es
konnte, das ganze Zimmer war voll mit Blut. Dann
rief ich meine Tochter an, die im Haus wohnt, sie
sagte, ich solle fest drücken und nicht loslassen.
Sie rief den Notarzt an, der kurz darauf mit den
Sanitätern zur Stelle war. Sie packten sie in den
Krankenwagen, brachten die Blutung zum Stehen
und fuhren dann mit ihr wieder ins Krankenhaus.

Da ich keine Angehörige war, fragten die Ärzte
und die Schwestern zuerst Inge, ob ich zu ihr ins
Zimmer dürfe. Daraufhin bekam Inge vom Sozial-
dienst des Krankenhauses ein Schreiben, das sie
ausfüllte, sodass ich für sie sorgen konnte über den
Tod hinaus und mich um alles kümmern konnte.
Von jetzt an durfte ich immer nach ihr schauen.

Inge sagte oft zu mir: »Maria, ich möchte nicht mehr leben.« Die Krankheit quälte sie so, die Atemnot war schlimm. Sie sagte immer wieder, ich solle mich zu ihr setzen, sie wisse ja nicht, wie lange wir das noch können. Es war so schwer, tröstende Worte zu finden, was du sagst ist verkehrt, du willst sie aufmuntern, musst aber nach den richtigen Worten suchen, die schwer zu finden sind. Am schönsten war es, wenn wir ganz eng aneinandergeschmiegt saßen, nicht sprachen, uns ohne Worte verstanden und froh waren, dass wir uns noch hatten –

Ein paar Wochen später weckte sie mich wieder.

»Maria, hilf mir, ich bekomme so schlecht Luft!«

Ich war selbst sehr erkältet, hatte einen ganz schweren Husten und konnte nicht in ihre Nähe kommen, ohne Angst haben zu müssen, sie anzustecken. Ich rief wieder nach meiner Tochter und schaute in der Zwischenzeit nach dem Sauerstoff, vielleicht war er nicht richtig angeschlossen, aber es war alles in Ordnung. Sauerstoff hatte sie genug. Wir riefen wieder den Notarzt, der kam und schickte sie erneut ins Krankenhaus.

Diesmal war es das Herz. Inge hatte einen Herzinfarkt erlitten. Meine Tochter fuhr mit ihr, sie kam auf die Intensivstation. Die Ärzte wollten sie nach Heidelberg schicken, um das Herz zu operieren, aber sie wollte nicht mehr. Meine Tochter gab der Ärztin meine Nummer, sie rief mich an, ich sagte ihr, was meine Freundin möchte, das wird gemacht. Es ist ihr Leben, nur sie bestimmt über ihr Leben. Ich wusste, ich konnte ihr nicht helfen, die Ärzte in Heidelberg hatten schon zweimal operieren wollen, es aber doch gelassen, es war zu riskant, da Inges Lunge kaputt war, wahrscheinlich hätte sie die Operation nicht überlebt. Warum sollte ich anders entscheiden? Sie quälen ohne Erfolg? Ich liebte Inge, und deshalb wird alles so gemacht, wie sie es wünscht.

Eine Woche war sie noch im Krankenhaus, dann bekam sie den zweiten Herzinfarkt, nachts um halb drei. Gegen fünf Uhr morgens rief mich der Arzt an und informierte mich, dass Inge verstorben war. Es war der 10. Februar 2015.

Meine Tochter ging mit mir ins Krankenhaus, sie lag schon in einem Raum, wo wir Abschied nehmen konnten. Ihr Leiden war nun zu Ende. Sieben Jahre lang rund um die Uhr am Sauerstoff zu hängen, ist nicht einfach. Ihr Wunsch war es, verbrannt zu werden, und sie wollte eine anonyme Beisetzung. Letzteres habe ich ihr zu Lebzeiten nicht versprochen, ich sagte, verbrennen ja, aber nicht anonym, denn wo dein Grab ist, möchte ich bestimmen, damit ich dich besuchen kann, wenn es auch nicht oft ist, aber wenn das Heimweh nach dir so stark ist, dann möchte ich zu dir kommen, um mit dir zu reden.

So ist es geschehen. Meine Kinder und ich haben einen wunderbaren Platz in einem Wald gefunden, auf einer Lichtung, wo der Wind durch die Bäume weht, die Sonne auf den Baum scheint und Inge viel Luft bekommt. Dort ist im Sommer alles grün, die Vögel zwitschern, man spürt die Ruhe. Das ist ein Platz wie für dich geschaffen, Inge, alles, was du dir gewünscht hast, haben wir für dich gefunden. An dem Baum ist ein kleines Täfelchen angebracht, darauf stehen nur der Anfangsbuchstaben deines Namens, die lauten I.L. – mehr nicht. Es sind deine Initialen, und doch bedeuten sie für mich noch viel mehr: »In Liebe«.

Nach deinem Tode durfte ich die Mappe aufmachen, in der du wichtige Papiere aufbewahrt hast. Dein Abschiedsbrief an mich lag ganz oben. Du hast mir einen wunderschönen Abschiedsbrief geschrieben, und deine letzten Worte in dem Brief waren: »Denke bitte an die Worte, die ich dir jeden Tag gesagt habe.« Jetzt kann ich es sagen: Es war die drei Worte, die mir nun jeden Tag so fehlen, es waren ganz einfache Worte mit so viel Bedeutung: Ich liebe Dich.

Mit deinem Tode musste ich erst einmal fertig werden. Eine Bekannte, deren Mann vor einiger Zeit verstorben war, sagte zu mir: »Taschentücher zum Tränen trocknen haben mir nicht gereicht, ich brauchte Handtücher ...«

So ähnlich ging es mir. Meine Kinder haben mir geholfen, die Wohnung von dir aufzulösen. Deine Schwester hat mitgenommen, was sie brauchte. Deine Kleider und Schuhe und alles, was die Schwester nicht wollte, haben wir für einen guten Zweck weggegeben und manche Sachen haben wir bei mir. Ich brauche sie nicht, aber es hängen so viele Erinnerungen daran, ich kann sie nicht weggeben.

Nach vier Wochen war die Wohnung leer, doch du bist immer in meinem Herzen. Wie oft am Tage denke ich an dich. Die Zeit heilt Wunden, so heißt es, doch liebe Menschen kann man nicht vergessen, man kann es nur verdrängen, sie sind in den Gedanken, sie bleiben in den Gedanken. Nur die Tatsache, dass wir nichts ändern können, macht es uns leichter.

Die Zeit verging. Am Anfang konnte ich nicht alleine zu Hause bleiben und bat meinen Sohn, mich nach Italien zu begleiten. Ich wollte mit ihm nach Venedig fliegen, uns ein Auto mieten und nach Padua zum heiligen Antonius fahren. Für mich ist er der Heilige, der mir in der Zeit, als ich Inge kennenlernte, sehr geholfen hat. Die katholische Kirche ist nicht für eine Beziehung von Frau zu Frau, und deshalb habe ich immer zum heiligen Antonius gebetet. Mein Gebet war jeden Tag gleich: »Heiliger Antonius, beschütze meine Freundin Inge, beschütze mich, dass wir noch eine Weile hier sein können. Beschütze unser Haus und alle, die gehen ein und aus.« Das war mein Gebet. Neunzehn Jahre durften wir zusammen sein, und dafür wollte ich mich bedanken.

Mein Sohn begleitete mich, ich brauchte mich um nichts zu kümmern. Wir flogen nach Italien, er zeigte mir Venedig, wir fuhren nach Padua und verbrachten noch drei wunderschöne Tage in Abano. Das Hotel hatte zwei große Pools, es war warm, das tat meinem Körper gut. Ich konnte in diesem warmen Wasser schwimmen und mein Arm wurde beweglicher.

Nachdem ich wieder zu Hause war, überlegte ich, was ich tun könnte, nur nicht alleine in der Wohnung sitzen, sonst würde ich verrückt werden. Also besuchte ich meine Cousine in London. Sie wohnte in einem Vorort von London und begleitete mich. Wir besichtigten Londons City, fuhren im The Shard Tower ganz bis nach oben, wo man bei gutem Wetter über 64 Kilometer weit sehen kann. Er hat eine Höhe von 310 Metern. Wir waren ganz oben in der 72. Etage, bis Wind und Regen aufkam und wir schnell wieder in der 68. Etage waren, da steht man nicht im Freien. Es ist alles aus Glas – der Ausblick ist wundervoll, ganz London liegt einem zu Füßen. Nur wer Höhenangst hat, muss unten bleiben. Wir besuchten Galerien, und da es gerade eine Monet-Ausstellung gab, gingen wir hin, denn mein Lieblingsmaler ist Claude Monet. Seine Bilder in Natur zu sehen, hat mich sehr beeindruckt. Diese zarten Farben, diese Malkunst, ich war begeistert.

Nach vierzehn Tagen flog ich wieder nach Hause. Doch dort wurde ich unruhig, ich hielt es nicht alleine aus, also zwei Wochen Holland. Die Mutter einer Freundin meiner Tochter begleitete mich, so war ich nicht alleine und konnte meine zwei Hunde mitnehmen. Wir liefen stundenlang am Meer entlang. Schließlich wurde ich ruhiger und hatte weniger Stress, als ich wieder nach Hause kam. Mit meiner Cousine fuhr ich jede Woche nach Bad Schönborn. Hier musste ich nicht schwimmen, denn das Wasser ist sehr salzig, voll mit Mineralien, und ich konnte im warmen Wasser sitzen. »Fett schwimmt immer oben, und deshalb gehe ich nicht unter«, sagte ich immer zu meiner Cousine.

An einem Nachmittag nach dem Baden trocknete ich mich mit meinem Handtuch ab. Meinen Körper, meine Brüste ... Plötzlich musste ich zweimal hinschauen, die linke Brust war nicht in Ordnung ... Die Brustwarze war nicht mehr außen, sondern eingezogen in der Brust. Oh Gott, was jetzt, vor einiger Zeit hatte ich gelesen, wenn die Brustwarze in die Brust eingezogen ist, bedeutet das Krebs.

Zuerst berichtete ich es meiner Cousine, dann meiner Tochter und meinem Sohn, alle sagten mir, du irrst dich, geh erstmal zum Arzt, du wirst sehen, es ist nicht so, wie du denkst.

Ich hatte keine Ruhe. Am nächsten Morgen rief ich zuallererst die Frauenärztin an und bekam sofort einen Termin. Sie sah sich meine Brust an, schaute mich an und sagte zu mir: »Sie müssen sofort ins Krankenhaus zur Mammographie, warten sie ab, die haben die neuesten Geräte.« Sie machte mir den schnellstmöglichen Termin für die Untersuchung. Die Frau, die meine Brust röntgte, fragte mich, ob ich alleine hier sei. »Natürlich, ich bin alt genug, ich brauche niemanden«, antwortete ich.

Sie sah, was ich noch nicht wusste, sie sah den Krebs.

Ich ging nochmals zur Ärztin zur Besprechung.

»Wir stanzen nun ihre Brust, holen Gewebe, das wir untersuchen, um Gewissheit zu haben, ob es tatsächlich Krebs ist und wie weit er fortgeschritten ist. Es sieht aber nicht gut aus.«

Zuerst setzte ich mich auf den Stuhl, denn ich bekam keine Luft mehr. Es war wie immer im Leben bei unvorhergesehenen Situationen … viel Zeit zum Überlegen hatte ich nicht. Ein anderer Arzt kam ins Zimmer, ich musste mich auf die Liege legen, sie fingen sofort an zu Stanzen, es tat weh. Ich weiß nicht, was mehr wehtat, die Gewissheit, du hast Krebs, oder die Schmerzen vom Stanzen. Ich hätte schreien können, ich wollte weinen, doch das ging nicht, es waren zwei Ärzte anwesend, die mich behandelten, es ging nicht. Keine Blöße zeigen, nicht schreien, nein, das darfst du nicht, du musst dich beruhigen, doch die ganzen Schmerzen konnte ich nicht verbergen, ganz leise wimmerte ich vor mich hin, voll Schmerz und voll Angst. Wie geht es weiter, wie fortgeschritten ist der Krebs, wie lange hast du noch zu leben? Wird dir die Brust abgenommen, brauchst du Chemo, alle diese Gedanken schwirrten in meinem Kopf, und doch musste ich eine Woche auf das Ergebnis warten.

Es war eine sehr lange Woche, die Tage nahmen kein Ende, 24 Stunden wollten nicht vergehen. Doch der entscheidende Tag kam und mit ihm das Ergebnis. Ja, ich hatte Brustkrebs, brauchte keine Chemo, doch 36 Bestrahlungen im Bunker in der Kopfklinik in Heidelberg. Obwohl ich nun wusste, dass der Krebs bei mir Einzug gehalten hat, hätte ich den Professor umarmen können – keine Chemo, wie viel Schmerzen blieben mir erspart, danke, lieber Gott, danke.

Die Bestrahlungen verursachten keine Schmerzen, man muss an etwas Schönes denken in der kurzen Zeit. Ich malte mir aus, dass ich nach Amerika fliegen werde, wenn diese Bestrahlungen vorbei sind, nach Las Vegas, um dort zu spielen. Mein

Sohn war begeistert, er sagte mir, er fliege mit mir und stelle uns eine Rundreise zusammen: Las Vegas vier Tage, von dort mit dem Flugzeug nach San Francisco, vier Tage San Francisco, dann mit dem Auto eine Reise über den Highway Number One, Monterey, Santa Barbara, Hollywood, über die Wüste zurück nach Las Vegas. Das war grandios ... mein Sohn fliegt mit mir! Diese Reise wollte ich mit Inge machen, es war unser gemeinsamer Traum, doch ihre Krankheit hatte uns einen Strich durch die Rechnung gemacht, und nun fliegt mein Sohn mit mir, wunderbar. Während ich unter dem Bestrahlungsgerät lag, schweiften meine Gedanken nach Amerika, ich sah das Meer, die Wüste, Las Vegas, und in meinen Gedanken war ich schon dort. Keine Schmerzen, kein Bestrahlungsgerät, nur Amerika.

Am elften November war meine Bestrahlung beendet, am 23. November flogen wir mit der Condor nach Amerika Business Class. Es war ein angenehmer Flug, viel Platz, jeder von uns hatte einen eigenen Fernseher. Wir wurden verwöhnt, so schön hatte ich noch keinen Flug erlebt, und wir flogen auch mit dieser Fluglinie wieder zurück, der Rückflug war genauso schön. Die Hotels in Las Vegas hatten Ausmaße, die es in Europa gar nicht gibt. Es ist alles groß, von der Lobby bis zum Speisesaal, alles ist riesig. Es war noch herrlicher als in meinen Träumen. 24 Stunden sind die Spielsäle geöffnet, wenn du willst kannst du 24 Stunden spielen – für mich ist ein Traum wahr geworden. Es war schöner, als ich es mir habe vorstellen können. Die Umgebung fuhren wir mit einem Mietauto ab, wir waren nicht nur in Nevada, sondern fuhren auch zu den Indianern nach Arizona und wieder zurück mit dem Flugzeug nach San Francisco, um dort die Stadt und das Umland kennenzulernen. Am vorletzten Tag wollte ich morgens aufstehen, da krachte es in meinem Knie, und ich konnte fast nicht mehr laufen. Mein Sohn hatte in San Francisco ein Auto gemietet, also brauchte ich nicht viel zu laufen. Er gab mir seinen Arm, und mit seiner Kraft ging es weiter. Wir besuchten die Golden Gate Bridge, Pier 39 Fisherman's Wharf. Wir waren ganz unten am Pazifik, ich habe die Stadt in vollen Zügen genossen, und wir fuhren mit den Cable Cars. Alle Sehenswürdigkeiten, die wir in dieser kurzen Zeit sehen konnten, um dann unsere Reise fortzusetzen – den Highway Number One, den Pazifik, die Umgebung ... Es gab viele Sehenswürdigkeiten, wir fuhren bis nach Monterey, hatten ein Hotel am Meer, konnten draußen speisen. Es gab viele Terrassen, wo man Platz nehmen konnte, wir trafen Deutsche, die in Amerika lebten, es war nicht nur eine schöne, sondern auch eine interessante Reise. Weiter ging's nach Santa Barbara, Hollywood, Los Angeles und zurück durch die Wüste nach Las Vegas und mit Condor zurück nach Frankfurt.

In Amerika hatte ich am Schluss starke Schmerzen im Knie, weshalb ich noch von dort aus meinen Orthopäden anrief und einen Termin mit ihm vereinbarte, gleich am nächsten Tag nach unserer Ankunft. Tatsächlich brauchte ich ein neues Knie, es war nicht das erste. Vor fünf Jahren hatte ich schon an der linken Seite ein neues Knie erhalten, jetzt kam das rechte dran.

Ich ging, so schnell ich einen Termin bekam, ins Krankenhaus, denn ich konnte mich nur noch mit starken Schmerzmitteln auf den Beinen halten. Mit Akupunktur konnte ich zusätzlich meine Schmerzen lindern. Gute Bekannte fragten mich, warum ich mir das antun wolle, die OP so kurz nach der Brust-OP. Sie wussten nicht, wie schön es ist, mobil zu sein, ich wollte laufen und mit dem Auto fahren können.

Die OP und die anschließende Reha verliefen ohne Probleme, es war alles okay – nur hatte ich ein kleines Problem, denn ich konnte keine Krücken benutzen: Meinen linken Arm durfte ich ja nur mit 2,3 Kilogramm belasten. Doch dafür gab es auch einen Ausweg. Die Ärzte rieten mir, ich solle einen Rollator benutzen. Für meine Situation war es gut und richtig, aber ich war doch noch zu jung, um immer mit einem Rollator zu laufe. Also versuchte ich, zu Hause ohne Rollator zu laufen, und tatsächlich, ganz langsam ging es immer besser. Draußen nahm ich meine Walkingstöcke erst zaghaft dann immer mehr. Ich musste jeden Tag mit meinen kleinen Hunden laufen, doch Hunde an der Leine und Walkingstöcke geht ganz schlecht.

Da kam mir der Zufall zu Hilfe: Eine Bekannte, die mich so laufen sah, meinte, ihr Mann kenne einen Akupunkteur, der könne mir helfen. Sie gab mir den Kontakt, ich schrieb ihm, und auf seine Rückmeldung hin erhielt ich einen Termin. Ich weiß noch genau, wie ich damals mit meinen Walkingstöcken in seine Praxis humpelte. Er untersuchte mich und sagte, er könne mir helfen. Doch jede Krankheit, die man heilen kann, braucht seine Zeit. Ich müsse Geduld haben, langsame Fortschritte machen und das Ziel nicht aus den Augen lassen.

Tatsächlich ging es mir Schritt für Schritt besser, es kamen wieder andere Gedanken in meinen Kopf. Ich saß jeden Nachmittag im Sessel vor dem Fernseher, schaute fern, sah eine Sendung über Kanada, besonders die Umgebung von Vancouver. Es wurde von jungen Menschen berichtet, die in Vancouver an der internationalen Schule Englisch lernten, und das gefiel mir. Da wollte ich auch hin, ich konnte zwar kein Englisch, war schon dreiundsiebzig Jahre alt, doch ich wollte irgendetwas Verrücktes machen, nicht nur jeden Tag vor dem Fernseher sitzen und warten, bis der Tod kam. Ich wollte raus aus diesem Trott. Ich wollte noch die Welt sehen, etwas erleben; fühlen, dass ich noch lebte, dass ich noch eine verrückte Sache machen kann.

In dieser Zeit wurde mein Schwiegersohn sehr krank, und nur vier Monate später starb er. Es war für uns alle ein Schock, er starb an dieser Krankheit, die ich auch hatte, er starb an Krebs. Das gab mir zu denken ... Wie lange wirst du noch leben? Diese Gedanken schwirrten in meinem Kopf. Ich wollte weg, bevor der Arzt mir sagt, ihr Krebs ist zurückgekommen.

Ja, ich werde noch ein paar Reisen machen. Zuerst suchte ich mir einen Englischlehrer, denn es wäre schon gut, ein paar Wörter zu verstehen und auch sprechen zu können, bevor ich nach Kanada ging. Drei Monate lang nahm ich jede Woche eine Stunde lang Einzelunterricht, dann suchte ich mir ein Reisebüro, das mir half, die richtige Schule zu finden, denn nicht jede Schule wollte Schüler über siebzig Jahre. Mein Reisebüro fand etwas Passendes. Nun musste ich meinen Kindern erzählen was ich eigentlich vorhatte: Sechs Wochen Schule in Vancouver, um Englisch zu lernen.

Sie waren sehr überrascht, und meine Tochter meinte, ich könne nicht alleine gehen, wenn mir irgendwas passierte, könnten sie nicht helfen, du bist so weit weg. Doch mein Entschluss stand fest: sechs Wochen Vancouver bei einer Familie, die noch andere Schüler aufnahm und in der ich jeden Tag nur Englisch sprechen musste, das war das, was ich wollte.

Mein Sohn sagte: »Mama, ich lass dich nicht alleine fliegen, ich begleite dich, suche mir ein Apartment in der Stadt, damit ich in deiner Nähe bin. Während du in der Schule bist, werde ich Ski fahren.«

So machten wir es, wir flogen eine Woche früher nach Seattle in Amerika, schauten uns alle Sehenswürdigkeiten an, hatten ein Hotel am Meer und fuhren mit dem Bus die 250 Kilometer bis nach Vancouver.

Wir kamen nachts um zwölf Uhr an, konnten aber das Apartment dennoch beziehen. Es lag im einundzwanzigsten Stock, war sehr modern eingerichtet, und es gab dort alles, was wir brauchten. Am nächsten Tag mieteten wir uns ein Auto, schauten uns die Stadt an, gingen in ein Reisebüro und buchten die Fähre. Dann fuhren wir mit dem Auto quer über die Insel nach Tofino, wo wir ein sehr schönes Hotel ausfindig machten, das in einem Bärenparadies gelegen war; wir machten Whale Watching, beobachteten die grauen Wale, wie sie im Wasser schwammen und fuhren durch Tofino.

Zum Abendessen gingen wir in ein See Food Restaurant, es war unvergesslich ... Fisch, alle Sorten Fisch, es war köstlich. Wir waren auch am Meer, wo ich mit meinen Stöcken spazieren ging. Das Meer dort war anders, es war groß und wild. Wir machten Bilder, doch ich schaute immer voll Angst, ob uns vielleicht nicht doch ein Bär über den Weg lief. Es war das Ende der Welt, aber unvergesslich. Wir mussten wieder mit der Fähre nach Vancouver zurück, auch hier gab es viele Sehenswürdigkeiten, die wir besichtigten. Vancouver ist eine sehr schöne Stadt, die Bay hatte es mir besonders angetan. In Vancouver ist man am besten mit einem der Busse unterwegs, die durch die ganze Stadt fahren und an jeder Ecke anhalten. Mit einem Kombiticket für einen Monat kann man überall und zu jeder Zeit hinfahren, sofern die Busse um diese Zeit fahren.

Mein Sohn brachte mich zu der Familie. Die Leute wohnten außerhalb in einem Vorort, ich musste erst mit dem Bus, dann mit der Bahn fahren und dann noch eine ganze Weile laufen. Mit meinen Stöcken war das sehr beschwerlich. Doch das wäre alles nicht so schlimm gewesen, wenn bei der Familie alles gestimmt hätte. Mein Sohn brachte mich gegen Abend dorthin. Das Zimmer war noch nicht leergeräumt. Das Mädchen, das in dem Zimmer war, musste in ein anderes Zimmer, da ich ein Einzelzimmer gebucht hatte. Sie schaute grimmig drein, weil sie das Zimmer räumen musste. Die Leute waren sehr nett. In dem Schreiben, das sie mir nach Deutschland sandten, stand, sie wären eine sehr herzliche Familie – abends um sieben gäbe es ein gemeinsames Abendessen, die Studenten beteiligten sich an der Hausarbeit und halfen auch bei der Zubereitung, danach würde man sich zusammensetzen, um sich zu unterhalten und den Tag ausklingen lassen. Das hörte sich für mich wunderbar an, das war das, was ich suchte.

Doch die Realität sah anders aus. Der Mann war Busfahrer und musste abends oft arbeiten, die Frau leitete einen Kindergarten für Kleinkinder, die morgens um acht Uhr kamen und bis nachmittags um fünf Uhr blieben. In dem Haus befanden sich außerdem noch acht Studenten, und die Familie hatte selbst noch zwei Mädchen im Alter von ungefähr zehn Jahren. Es gab also jede Menge Arbeit. Mein Zimmer lag unten im Souterrain und hatte ungefähr sechs Quadratmeter. Es gab einen kleinen Schrank und kein Bett, nur zwei Matratzen, keinen Stuhl und kein Tisch – nur ein ganz kleines Tischchen, auf dem eine Lampe stand. Mein Sohn half mir, die Koffer auszupacken und stand unter einer Deckenöffnung, wo alle zehn Minuten warme Luft herausgeblasen wurde. Voll Ungeduld verstaute er meine Wäsche im Schrank, er war froh als die Arbeit beendet war. Dann ging er, und ich war alleine. Es wurde acht Uhr, und niemand rief zum Abendessen. Später kam die Frau und brachte einen großen Topf mit Reis, eine Platte mit Hähnchenschlegeln und eine Platte mit Kartoffelstücken. Das war das Dinner. Drei Mädchen saßen in der Küche, aßen mit mir, und ich fragte, wo die anderen seien. Die kommen, wann sie wollen, und essen, wann sie wollen. Die Mädchen gingen in ihre Zimmer, und ich war allein in der großen Küche, die Spüle war voll mit Geschirr. Jeder aß und spülte seinen Teller und stellte ihn dann wieder für den nächsten Tag in die Spüle. Es war ein großer Gasherd vorhanden, den man aber nicht anmachen konnte, ein großer Tisch mit Stühlen, an dem acht Personen Platz fanden. Es war alles in Hülle und Fülle da – Brot, aber kein Toaster, ein großer Kühlschrank, die Milch in einem Fünf-Liter-Behälter, doch leider war sie schon sauer, jede Menge Cornflakes, die ohne Milch aber nicht schmeckten, es gab keine Kaffeemaschine, mit der ich mir einen Kaffee hätte zubereiten können.

Nachts kam alle halbe Stunde die warme Luft aus der Decke. Die Luft war so trocken, ich konnte nicht atmen und musste dauernd husten. Um drei Uhr konnte ich nicht mehr schlafen. Ich lag in meinem Bett und dachte, du musst etwas ändern, so geht das keine sechs Wochen, du wirst hier verrückt. Sechs Quadratmeter waren nicht viel, wenn man zu Hause eine große Wohnung hat, und hier keine Fenster aufmachen kann vor lauter Angst, es klettert jemand in das Zimmer; es könnten auch Tiere wie Ratten und Mäuse ins Zimmer gelangen, nein, das war nicht das Richtige. Auch das Badezimmer war gewöhnungsbedürftig, es war mit Fliesen bestückt, die sehr rutschig waren, und um zur Dusche zu kommen, stieg man fünf Stufen hoch, dann schob man eine Türe zur Seite und gelangte in die Dusche. In der Mitte dieser Stufen stand die Toilette, weshalb man sich, wenn man zur Dusche ging, nirgendwo festhalten konnte; es war furchtbar rutschig, es wäre nicht gut gegangen, nach zwei, drei Tagen wäre ich auf den Fliesen ausgerutscht und gestürzt. Nein, das ging nicht.

Als ich zur Schule kam, ging ich als Erstes ins Sekretariat, um nach einer anderen Wohnung zu fragen. Wir überlegten, was wir tun könnten, und ich endschied mich fürs Hotel. Die Schule bekam einen Sonderpreis, den ich in Anspruch nahm. Das Hotel war keine zehn Minuten von der Schule entfernt, lag mitten in der City von Vancouver. Das Geld für das Zimmer bekam ich mit Abstrichen zurück. Die erste Woche konnte ich bei meinem Sohn wohnen, was wollte ich also mehr, es war alles in Ordnung. Nur als mein Sohn dann nach Hause fuhr, hatte ich furchtbar Heimweh.

»Willst du mit mir nach Hause?«, fragte er mich.

Ich wäre so gerne mit nach Hause gefahren, nur diese Blöße konnte und wollte ich mir nicht geben. Nein, ich will zur Schule gehen, ich bin nach Vancouver gekommen, um Englisch zu lernen. Ich bin jetzt hier, und das ziehe ich jetzt durch.

Über Ostern wurde eine Reise mit einer Reisegruppe für junge Leute angeboten – in die Rocky Mountains. Man musste zu zweit in einem Bett schlafen, draußen in der Wildnis, in einem Haus, und es gab auch ein Hotel und ein Motel, wo übernachtet wurde. Drei Übernachtungen, vier Tage, da geh ich mit, dachte ich, und meldete mich an. Dann schläfst du halt mit einer anderen Frau im Bett, drei Nächte, das geht vorbei. Ich kann das Land kennenlernen und bin über Ostern nicht allein. Es wurde eine sehr schöne Reise, wir haben viel gesehen, und am Schönsten war der Ostersonntag – es war ein strahlend blauer Himmel an jenem Tag. Wir sind mit der Gondel zum Berg gefahren, die Aussicht, die Berge, es hat alles gepasst. Wir besuchten eine Pferderanch, die Leute tanzten am Lagerfeuer, es war so anders, doch es gefiel mir sehr gut. Eir fuhren durch Naturschutzgebiete, machten Pausen an Drag Stores, besuchten das Eisfeld und fuhren mit einem Schneekettenfahrzeug zum Gletscher. Das war allein schon diese Reise wert. Die jungen Leute machten Spiele im Auto, es wurde gesungen und gelacht. Es war eine schöne Reise, von der ich immer wieder erzählen kann. Wir sahen wunderschöne Seen, bei den kleineren gingen die Leute übers Eis und hatten viel Spaß.

Nach dem Ausflug ging es wieder zur Schule. Das Leben hatte uns wieder eingeholt, einen Tag morgens und am anderen Tag hatten wir nachmittags Schule. So schön Vancouver auch ist, es hat jeden zweiten Tag geregnet ... es gibt viel Regen dort, und darum ist auch alles so grün. In der ganzen Stadt und auch außerhalb blühten die Bäume, alles war rosa, ich war während des Frühlings in Vancouver. Die Lehrer in der Schule gaben sich große Mühe, sie waren alle sehr freundlich zu mir, und ich habe mich – kaum zu glauben – jung gefühlt. Niemand gab mir zu verstehen, dass ich doch schon eine alte Oma sei, ich war eine von ihnen, sie haben mich aufgenommen in ihre Reihen.

An den Nachmittagen ging ich gerne zu Horton, das war ein Geschäft, wo es Kaffee gab und Brötchen mit allen Beilagen, es war gleich um Ecke. Und gegen Abend fuhr ich mit dem Bus drei Straßen weiter, da gab es einen Nordvietnamesen, der kochte gut und preiswert, und Tee gab es gratis dazu. Das Essen schmeckte mir. Wenn ich keine Lust hatte, mit dem Bus zu fahren, lief ich zur nächsten Ecke. Dort gab es gegrillte Hähnchen mit Pommes und Salat, nebenan war eine Pizzeria. Ich wäre nicht verhungert, sogar im Hotel hätte ich essen können.

Gegen Ende meines Aufenthaltes in Vancouver, am letzten Tag vor meinem Heimflug, wollte ich noch einmal mit dem Bus hinunter zur Bay fahren, um alle die Eindrücke, die ich in fast acht Wochen gesammelt habe, nochmals Revue passieren zu lassen. Ich setzte mich vorne auf einen Platz, der für ältere und behinderte Menschen reserviert war. Ich selbst bin ja neunzig Prozent schwerbehindert und nahm von diesem Recht Gebrauch. An diesem Tag hatte ich eine grasgrüne Jacke an. Ich saß also auf meinem Platz, und gegenüber saß eine ältere Dame, die mich ansprach – auf Englisch, aber ich verstand sie und konnte ihr in gebrochenem Englisch Antwort geben. Sie sprach ganz laut, sie hätte auch eine grüne Jacke, doch meine Farbe wäre wunderschön und wo ich diese gekauft hätte. Ich gab ihr zur Antwort, ich sei Deutsche und hätte diese Jacke in Deutschland gekauft. Sie wollte wissen, von wo ich genau herkomme, und ich sagte ihr, aus der Nähe von Frankfurt, ich sei seit fast sechs Wochen hier in Vancouver, und heute sei mein letzter Tag. Kanada sei ein schönes Land, ich wäre gerne noch hiergeblieben, doch ich hätte Heimweh nach Deutschland und nach meiner Familie und wollte gerne zurück. Das sprach mich der Mann, der neben mir saß, auch an, er wäre ein Jahr in

Deutschland gewesen, in Hamburg. Deutschland gefalle ihm gut. Unsere Unterhaltung ging ganz laut weiter, bis ich aussteigen musste, und alle winkten mir nach, offenbar hatten alle in dem Bus uns zugehört.

Ich lief zur Bay, sagte auf Wiedersehen. Ganz unten an der Bay ist ein Lokal mit einer köstlichen Speisekarte. Ich entschied mich, hineinzugehen und einen Kaffee zu trinken und ein Stück von dem guten Zitronenkuchen zu essen. Ich bestellte, und die Kellnerin brachte mir den Kaffee und den Kuchen. Nach einer Weile rief ich die Bedienung, ich wolle gerne bezahlen. Ich wollte ihr Geld geben, doch sie sagte, es sei alles bezahlt. Ich verneinte, nein, ich habe noch nichts bezahlt. Doch, sagte sie, es sei alles erledigt. Ich fragte, wer für mich bezahlt habe, und sie zeigte auf ein Ehepaar, das im Bus gesessen hatte und meine laute Unterhaltung mit angehört hatte. Vielmals habe ich mich bedankt, das war ein wunderschönes Erlebnis, das ich erleben durfte.

Ein anderes Erlebnis in Vancouver war weniger schön gewesen. Ich hatte einen Kurztrip nach Viktoria, der Hauptstadt von British Columbia, gebucht. Es sollte mit der Fähre auf die Insel und zu Butchers Garden gehen. Doch am Abend vorher musste ich dauernd auf die Toilette, und ich hatte Bauchweh. Gegen Morgen rief ich meine Tochter an und fragte sie, was ich machen solle, ich war unsicher, ob ich mit nach Viktoria fahren könne. Meine Tochter riet mir, die Notfallnummer anzurufen, vielleicht müsse ich ins Krankenhaus oder bräuchte ärztliche Versorgung mit Antibiotika. Ich nahm mein Smartphone, sprach auf Deutsch in den Übersetzer und schrieb es dann auf Englisch auf. Dann rief ich die Notfallnummer an und las der Frau am anderen Ende von dem Blatt vor, was ich aufgeschrieben hatte. Sie sagte mir, ich müsse in eine Tagesklinik gehen, beschrieb mir am Telefon, wo ich diese ungefähr finden würde. Sie gab mir den Tipp, ich solle in die Lobby gehen und die Leute an der Rezeption fragen, ob sie mir den Weg aufzeichnen könnten. Ich nahm mein Blatt Papier, ging zu einer Dame an die Rezeption, gab ihr das Schriftstück, und sie erklärte mir den Weg. Da es noch zu früh war, ging ich nochmals auf mein Zimmer, legte mich ins Bett und suchte dann später die Tagesklinik auf. Der Dame am Empfang gab ich mein Blatt Papier. Sie ging zur Ärztin, kam zurück und sagte, ich solle Platz nehmen. Vor mir waren noch andere Menschen da, die zuerst an der Reihe waren. Sie kamen alle mit der Krankenkarte, aber da ich privat zahlte, kam ich zuerst dran.

Die Ärztin war sehr nett, untersuchte mich und wies mich dann an, ich solle die Arznei in einem Drag Store holen. Sie erklärte mir den Weg, und ich fand das Geschäft, aber beim Hinausgehen verlor ich die Orientierung, da der Ausgang des Geschäfts auf eine andere Straße führte. Ich lief und lief und wusste nicht, wo ich war, es regnete in Strömen, und einen Schirm hatte ich nicht mitgenommen. Ich hatte die Mütze über den Kopf gezogen und irrte im Regen umher, bis ich zwei Damen sah und sie ansprach, ob sie mir helfen könnten; die eine wollte zu mir laufen, doch die andere sagte etwas und pfiff sie zurück. Sie schauten mich an, als wollte ich sie anbetteln, und liefen einfach weiter. Dabei hatten sie doch gesehen, ich war eine ältere Frau, die Hilfe brauchte.

Ich irrte weiter und hielt nach jemandem Ausschau, den ich fragen konnte. Es kam wieder eine Frau, doch als sie mich sah, lief sie rasch die Außentreppe zu einem Bürohaus hoch. Sie sah, dass ich weinte, weil ich nicht mehr weiter wusste.

Es regnete in Strömen, ich hatte solche Schmerzen im Bauch, und ich rief ihr nach: »Ich möchte kein Geld von Ihnen, ich habe mich verlaufen, bitte helfen Sie mir!«

Sie schaute mich an, kam zurück und sagte, sie wäre spät dran und hätte wenig Zeit.

Ich fragte sie nach der Granville Street, dort war meine Schule, da kannte ich mich aus.

Ich lief den ganzen Weg wieder zurück. Später fragte ich nochmals einen Mann nach der Straße, und auch er hatte zunächst Angst, mir eine Antwort zu geben. Dann erklärte er mir den Weg, und zehn Minuten später war ich in der Granville Street und fand den Weg alleine nach Hause.

Meiner Familie habe ich nichts erzählt, die hätten mir doch nur dumme Antworten gegeben. Ich war froh, wieder im Hotel zu sein, zog meine nassen Kleider aus, duschte ganz heiß, nahm meine Antibiotika und ging froh und erschöpft ins Bett. Es gibt überall auf der Welt hilfsbereite und gute Menschen und andere Menschen, die nur sich kennen und denen andere gleichgültig sind.

Während meines Aufenthalts in Vancouver hatte ich oft Heimweh, nur nach Hause geflogen wäre ich nicht. Meiner Tochter habe ich versprochen, morgens und abends eine WhatsApp zu schreiben, damit sie zu Hause wissen, wie es mir geht. Ich schrieb nicht, wie es wirklich in mir aussah und wie groß mein Heimweh war. Doch als die Fluglinie schrieb, der Direktflug nach Frankfurt gehe erst zwei Tage später, meinte ich auszuflippen, ich wollte nach Hause. Dann las ich, sie haben einen Direktflug vier Tage früher, also rief ich sofort meinen Sohn an und bat ihn, diesen Flug für mich zu buchen. Von Deutschland aus buchte er meinen Rückflug. Über meine Schule bekam ich ein Taxi, das mich am Hotel abholte und zum Flughafen brachte. Ich durfte in einem Rollstuhl sitzen, brauchte nicht zu laufen, kam durch die Sperre, musste keinen Koffer schleppen. Mein Sohn hatte alles organisiert. In Frankfurt wurde ich mit dem Auto abgeholt und musste nicht den weiten Weg zu Fuß gehen bis zum Ausgang.

Deutschland, ich bin wieder da! Es gibt so viele schöne Flecken auf dieser Erde, und es ist schön, viele davon zu sehen, aber es ist noch schöner, zu Hause zu sein. Meine Hunde freuten sich, mich wieder zu sehen, alle Bekannten fragten, wie es in Kanada gewesen sei, und meine Familie war auch froh, dass ich wieder gesund nach Hause gekommen bin. Ich sage immer wieder, es gibt nur ein Deutschland. So fühlte ich mich.

Doch nicht lange, da zog es mich auch schon wieder weg. Dienstags kam ich aus Kanada zurück, und samstags fuhr ich mit meiner Tochter und deren Kindern für eine Woche nach Holland. Es ist immer wieder das Meer, das mich so anzieht. In Holland gibt es guten Fisch zu essen, und darauf freue ich mich das ganze Jahr. Es war eine ruhige Woche. Ich konnte mich von der Reise nach Kanada erholen und mit der Familie Urlaub machen.

Dank der Hilfe meines Akupunkteurs konnte ich inzwischen immer besser laufen, und schon bald brauchte ich keine Stöcke mehr. Ohne ihn hätte ich nicht wieder ins Laufen gefunden, er sagte immer wieder: »Geh zum Buddha.«

Nach dem Familienausflug nach Holland überlegte ich, was ich jetzt tun könne, und bald darauf fiel mir ein Prospekt in die Hände, in dem eine Reise nach Cornwall mit einem Busunternehmen beschrieben war. Das wäre was für mich, da könnte ich mein Englisch, das ich in Kanada gelernt hatte, wieder auffrischen. Ich rief das Reiseunternehmen an und buchte diese Reise. Alles war schon bezahlt, die Betreuung der Hunde organisiert, doch dann bekam ich eine Absage ... Es waren zu wenige Anmeldungen eingegangen, die Reise fand nicht statt. Meine Hunde waren schon untergebracht, ich wollte unbedingt weg. Die Frau von der Hundebetreuung geht jedes Jahr mit ihren Freundinnen für eine Woche auf eine Beautyfarm, und sie machte mir den Vorschlag, ich solle doch da hingehen, mich verwöhnen lassen, danach hätte ich ein neues Lebensgefühl. Das hörte sich gut an, ich rief an, buchte und fuhr hin.

Sich verwöhnen zu lassen, ist so ein schönes Gefühl, wir hatten das in Sri Lanka erfahren, Inge und ich, wie gut hätte ihr das gefallen: Massagen, Bäder, oh, Inge wäre begeistert gewesen. Mir tat es gut, alle Krankheiten waren vergessen. Nach den Behandlungen legte mich im Bademantel in den Garten auf eine der Liegen und schlief ein. Eine Frau, die auch eine Woche zur Behandlung hier war, machte mit dem Handy ein Foto von mir; die

Erlaubnis hatte ich ihr nicht gegeben, und durch Zufall sah ich dieses Foto. Oh mein Gott. wie sah ich aus, das war doch nicht ich, was lag auf dieser Liege ... Nein, das war nicht ich, das war ein kleines Walross, so dick habe ich mich nie gesehen, ich habe auch keinen Spiegel, in dem ich meinen ganzen Körper sehen könnte, nur einen halben, und mein Gesicht war in Ordnung, in meinen Gedanken war ich nicht so dick. An der Wahrheit kommt man nicht vorbei, ich sah mich nun in einem ganz anderen Licht.

Doch der Tiefpunkt war noch nicht gekommen. Abends ging ich ins Bett und war bald darauf eingeschlafen. Ob ich träumte, ich wollte fliegen, ich weiß es nicht ... jedenfalls tat es einen gewaltigen Schlag, und ich wachte auf. Meine Decke fest in den Händen haltend, war ich aus dem Bett gefallen. Noch nie in meinem Leben bin ich aus dem Bett gefallen! Mein Körper lag auf meiner Bettdecke, mein Knie tat so weh, und meine eine Zehe lief sofort blau an, ich hatte starke Schmerzen. Doch ich konnte nicht aufstehen! Ich drehte meinen Körper, sodass ich auf meinem Po zum Sitzen kam. Ich dachte nach, wie ich nun auf die Beine kommen würde. Die Türe hatte ich abgeschlossen, es konnte niemand ins Zimmer gelangen, um mir zu helfen, was sollte ich also machen? Nach kurzer Überlegung wusste ich, was zu tun war. Auf meinem Po mit der Decke darunter rutschte ich zur Eingangstüre, streckte meine rechte Hand nach oben – den anderen Arm durfte ich nicht belasten – und zog mich damit hoch. Gott sei Dank, ich stand wieder auf meinen beiden Beinen. Als erstes schloss ich die Türe auf, dann ging ich ins Badezimmer, holte alle Handtücher, machte sie mit ganz kaltem Wasser und legte mich wieder ins Bett um meine Prellungen zu kühlen. Meine Arme und meine Beine wurden ganz blau.

Am nächsten Tag fuhren sie mit mir ins Krankenhaus, ich wurde geröntgt, es war nichts gebrochen. Gott sei Dank, und am nächsten Tag sollte es auch schon nach Hause gehen. Vor dem Frühstück lud ich meinen Koffer ins Auto, damit ich in Ruhe noch einmal frühstücken konnte. Ich saß beim Kaffeetrinken, als mir plötzlich mein Autoschlüssel einfiel. Ich fand meinen Autoschlüssel nicht mehr und machte alle Leute verrückt. Die Frau aus der Küche half mir suchen, sie fragte mich, ob ich den Schlüssel nicht in der Hosentasche hätte, und ich antwortete, ich hätte keine Taschen in der Hose. Sie war sehr hilfsbereit, nur hatte sie in der Aufregung vergessen, dass die Pfanne, mit der sie die Eier buk, noch auf dem heißen Herd stand. Der Rauchmelder brachte uns wieder in die Wirklichkeit zurück, alles rannte zur Küche, die war voller Rauch, doch zum Glück brach kein Feuer aus und wir konnten zum Frühstück zurückkehren.

Meinen Schlüssel fand ich danach, er war in meiner Hosentasche –Ich hatte eine neue Hose angezogen mit Taschen. Daraufhin habe ich schleunigst das Weite gesucht, wenn die jede Woche solche Chaoten hätten wie mich ... Was soll ich machen, passiert ist passiert.

Eine Woche später fuhren meine Tochter und ich mit einem Reiseunternehmen in die Schweiz. Wir fuhren bis Zermatt, vorher machten wir einen Stopp in Montreux am Genfersee. Der Fahrer erklärte uns, wir führen nun in eine Stadt am Genfersee, in der das ganze Jahr über Palmen im Freien wüchsen, die Blumen blühten, und die Menschen im See badeten. Es war August, und was wir sahen, verschlug uns die Sprache. Zuerst dachten wir, der Fahrer erzählt Unsinn. Tatsächlich badeten die Menschen im See, es gab so viele Palmen, und die Uferpromenade war voll mit Menschen, die im Freien saßen; als erstes genehmigten wir uns einen Kaffee am See. Es war traumhaft, die Sonne schien, der Himmel war blau, es war ein Traum. Leider dauerte unser Stopp nur eine Stunde, wir wären gerne noch geblieben. Doch der Bus musste weiterfahren, um sein Ziel rechtzeitig zu erreichen. Es ging nach Zermatt. Eine Station vorher mussten wir umsteigen, vom Bus in den Zug, denn kein Auto mit Motor darf in Zermatt fahren, nur Elektrofahrzeuge und Kutschen mit Pferden. Wir kamen erst gegen Abend am Bahnhof an. Unser Hotel lag am Ende von Zermatt, es war eine ganz schöne Strecke zu laufen. Der Weg ging durch die Stadt, es war alles neu, und es gab viel zu sehen. Wir hatten bis zum Abendessen Zeit und konnten es gemütlich angehen. Der nächste Tag brach wieder mit viel Sonne an. Bei strahlend blauem Himmel lag das Matterhorn klar vor uns – keine Wolke war am Himmel. Bei diesem schönen Wetter bietet sich ein Ausflug mit der Zahnradbahn geradezu an. Wir fuhren hinauf zum Gornergrad auf 3100 Metern Höhe. Dort oben gibt es ein großes Hotel, eine Terrasse, auf der viele Menschen Platz fanden zum Essen, Kaffee trinken, in der Sonne sitzen ... inmitten der Berge ein unvergessenes Erlebnis. Wir fuhren mit der Bahn auch wieder zurück, hatten nette Leute kennengelernt, der Tag war ein voller Erfolg. Um punkt sechs Uhr abends waren wir zu Hause im Hotel, und es fing zu regnen. Es regnete die ganze Nacht, und am nächsten Morgen gab es Nebel. An diesem Tag fuhren wir mit dem Glasier Express von Zermatt nach St. Moritz. Wir hatten Nebel und Sonne und kamen gegen Abend in St. Moritz an. Der Tag war ausgefüllt mit schauen – Berge, Hügel, Täler – wir sahen sehr viel von der Schweiz. Alles war gepflegt und sauber, so ist die Schweiz eben. Nach der Ankunft in St. Moritz sahen wir zuerst den St. Moritzersee, dann unser

Hotel. Es war nicht das Neueste, doch die Zimmer waren sauber. Das Abendessen war grandios ... Es gab ein Buffet mit allem, was man sich nur erträumen konnte. So satt waren wir schon lange nicht mehr. Den Abend verbrachten wir mit unseren neuen Freunden, und am nächsten Tag ging es mit dem Bus wieder zurück nach Hause. Meiner Tochter und ich waren beide sehr zufrieden mit dieser Kurzreise.

Mitte September ging es schon wieder los, diesmal wieder nach Holland. Meine Tochter war zehn Tage mit mir in der Ferienwohnung, die unsere ganze Familie sehr oft im Jahr bucht. Es gibt dort zwei Schlafzimmer, ein großes Ess- und Wohnzimmer, ein Badezimmer und eine sehr große Terrasse, auf der die Kinder im Freien spielen können. Unsere Hunde dürfen wir auch mitnehmen, und das Besondere an dieser Wohnung ist, dass sie in der Fußgängerzone liegt; wir können oben an einem Erkerfenster sitzen und dem bunten Treiben zuschauen, die Hunde legen sich vors Fenster, und alles schaut auf die Straße. Das Meer ist fünf Minuten von der Wohnung entfernt, es gibt breite Straßen und wunderschöne Wege zum Spazierengehen, viele Strandbuden, die bei schönem Wetter immer belegt sind. Entlang der Wege sind viele Bänke zum Verweilen. Ich sitze gerne auf einer dieser Bänke, schaue den Wellen zu, dem unendlichen Meer, das kommt und geht. Wir machen weite Spaziergänge bei Wind und Wetter, gehen etwas trinken, und wenn wir Lust haben, essen wir in einer der Strandbuden, die dieses Jahr neu waren und sehr luxuriös. Bei Sonnenschein muss man Glück haben, einen Platz zu finden, Holland ist voller Menschen. In Holland wurde ich noch nie angegriffen, und auch deshalb mag ich Holland sehr.

In den ersten zehn Tagen, die meine Tochter und ich hier verbrachten, schien häufig die Sonne, dann gingen wir schon früh morgens mit den Hunden laufen – aber nicht gemütlich, denn bei meiner Tochter muss alles schnell gehen. Weil sich meine Hunde den langsamen Gang von mir bereits angewöhnt hatten, lief meine Tochter mit ihrem Hund weit voraus, sie lief die doppelte Strecke. Solange wir sie sehen konnten, beeilten wir uns, und wenn sie außer Sichtweite war, verfielen wir wieder in unseren alten Trott. Wir machten langsam, bis sie wieder zurückkam, dann strengten wir uns an oder taten so, als ob. Sie sagte nur, der Trottel-Trupp sei wieder unterwegs, und anschließend kauften wir Brötchen, machten Frühstück und setzten uns ans Fenster – die ganze Mannschaft. Doch es dauerte nicht lange, dann wurde meine Tochter wieder unruhig, und wir mussten wieder laufen. Ich wollte mir keine Blöße geben und strengte mich an, holte mir aus der Apotheke Magnesiumtabletten. Wenn ich vor dem Laufen zwei davon einnahm, hatte ich keine Schmerzen in den Beinen und konnte mit meiner Tochter mithalten. Zehn Tage gehen schnell vorbei, dann kam die Freundin meiner Tochter mit ihrer Mutter. Meine Tochter fuhr mit ihrer Freundin nach Hause, und die Mutter blieb bei mir, damit ich nicht alleine war in der großen Wohnung. Da ich mit den Hunden immer noch sehr lange unterwegs war, gefiel es der Frau nicht so gut, denn laufen wollte sie nicht. Doch ich hatte große Freude, das Meer war und ist für mich das Größte, egal, wo ich bin. Am Meer in der Sonne zu sitzen, Tee oder Kaffee zu trinken – für mich gibt es nichts Schöneres.

Über den Urlaub gibt es nicht viel zu berichten. Er war ruhig, wir machten unsere Runden mit den Hunden, gingen in die Stadt, um einzukaufen, schauten den Menschen in der Fußgängerzone zu, wie sie vollgepackt aus den Geschäften strömten. Bald ging auch dieser Urlaub dem Ende zu. Meine Tochter kam Freitagsabends spät in Leiden mit dem Zug an, wir holten sie am Bahnhof ab, gingen noch ans Meer in eine der Strandwirtschaften zum Radler trinken und um etwas zu essen. Am nächsten Morgen traten wir die Heimreise mit meinem Auto an.

Nun war ich wieder zu Hause, doch es dauerte nicht lange, dann fing dieses Kribbeln wieder an, diese Unruhe, die ich verspüre, wenn ich zu Hause bin. Ich denke dann, ich versäume etwas, wenn ich im Wohnzimmer sitze und im Sessel meinen Gedanken nachhänge, allein in der Wohnung. Ich glaube dann, ich werde verrückt. Mich allein in ein Lokal zu setzen, da schäme ich mich, es könnte ja anderen Menschen auffallen, dass ich alleine bin. Und sollte mich jemand mitleidig anschauen, müsste ich meine Tränen zurückhalten und würde wahrscheinlich weinen. Dann würden die Leute denken, da sitzt eine Verrückte.

Als Inge noch lebte und sie so schlecht Luft bekam, hat sie oft zu mir gesagt: »Maria, ich möchte nicht mehr leben«, und ich wusste nicht, was ich ihr antworten sollte.

Aber irgendwann sagte ich dann doch: »Inge, wenn du nicht mehr bei mir bist, dann bin ich so allein, dann fühle ich mich so verlassen. Du fehlst mir.«

»Maria, es gibt Millionen Frauen auf dieser Welt, die genau so einsam sind, du bist nicht alleine mit deiner Einsamkeit«, hat sie geantwortet.

»Du hast gut reden«, sagte ich, »du hast ja mich, du bist nicht allein, ich bin für dich da, doch wer schaut nach mir?«

Mein Sohn sagt immer, Mama, wenn eine Tür zugeht, öffnet sich eine andere. Wenn man jung ist, sagt sich das leicht, man meint, man hat sieben

Leben, wie eine Katze. Es gibt Sachen, die macht man einfach, ohne darüber nachzudenken, ob es richtig ist oder nicht, du nimmst keine Rücksicht auf deinen Körper, du überlegst nicht, du machst es einfach, doch wenn du älter bist, überlegst du erst, und dann tust du es. Deine Gedanken werden langsamer, das Laufen fällt dir schwer, die Knochen tun dir weh. Du kannst Vieles nicht mehr machen, all das, was du vorher mit Leichtigkeit bewältigt hast, ist in deinen Gedanken schwer; was vorher ein kleiner Hügel war, den man überschreiten muss, ist jetzt ein großer Berg. Alle Kleinigkeiten nehmen jetzt an Größe zu, du kommst dir unnütz vor. In deinem Stolz lehnst du die Hilfe der anderen ab, wenn du dir aber eingestehen würdest, dass du die Hilfe der anderen brauchst du, könntest du dir auch eingestehen, dass du gerne umsorgt wirst, doch du bist stur, ich kann es alleine, nur um nicht wahrhaben zu müssen, dass du alt bist, du bist nicht mehr jung, du kannst es selbst nicht glauben, dass du wirklich schon so alt bist, in deinen Gedanken sagst du dir, ich war doch erst zwanzig, wo sind meine Jahre geblieben, dann wurde ich dreißig, vierzig, fünfzig, sechzig, siebzig ... du bedauerst dich selbst, weil du nicht verstehst und ehrlich zu dir selber bist: Ja, ich bin alt, ich habe noch ein Leben, es ist anders, als wenn du jung bist. Maria, bemitleide dich nicht selbst, sieh es positiv, du kannst noch laufen, du bist noch klar im Kopf, du kannst dich noch alleine versorgen, du kannst noch Auto fahren, du hast deine Krankheiten, es sind nicht wenige, doch du lebst. Wenn die Sonne auf deinen Rücken scheint und dich wärmt, schau dir die Bäume an, geh in die Natur, geh zum Buddha, rede mit ihm, hol dir Kraft. Freue dich, dass du das alles mit deinen Sinnen noch erleben darfst, sei dankbar und bemitleide dich nicht selbst.

Die Gedanken kommen und gehen, schlechte und gute. Letztere sind natürlich viel besser, dann denke ich daran zurück, als mein Sohn mich besuchte und sagte: »Mama, ich fliege für vier Tage nach Padua, willst du mit mir fliegen?« Alle schlechten Gedanken waren weg, ja sagte ich erfreut, ja, ich fliege mit dir.

Er besorgte alles, ich brauchte mich um nichts kümmern, den Flug, das Hotel in Abano, damit wir noch Wellness machen konnten. Es war ein Traum, das Frühstück im Hotel, das Buffet war unvergesslich ... Er nahm mich mit nach Padua ich konnte den heiligen Antonius wieder besuchen, er hatte noch Zeit für mich, damit wir einkaufen konnten, es war schön, besonders das Abendessen. Drei Kellner bedienten uns, es gab Fisch in Hülle und Fülle, und nach dem Abendessen gingen wir noch in die Bar, wo es auch Kaffee und nicht nur Alkohol gab. Eine kleine Band spielte ganz leise Pianomusik, und eine Sängerin sang dazu. Die Gäste konnten ihre Wünsche anbringen, die sie dann spielten, zwei Ehepaare tanzten, es war schön, ihnen zu zuschauen, wie sie sich im Takt der Musik wiegten. Die Musik, anderen Menschen, ich war nicht alleine, mein Sohn war dabei ... es waren unvergessene Tage.

Mein Herz war voll mit guten Gedanken, und als der Tag kam, an dem ich mit meiner Tochter noch nach Fuerteventura fliegen konnte, war ich glücklich. Sie hatte noch keinen neuen Lebenspartner und nahm mich einfach mit. Der Flug verlief ohne Probleme. Ich kannte diese karge Insel, denn ich war vor Jahren schon einmal dagewesen. Doch wie hatte sich diese Insel in den Jahren verändert – Häuser, die vor Jahren nicht standen, Hotels, Geschäfte, all das war vor der Zeit, als ich das erste mal hier war, noch nicht da, es ist wie mit dem Leben, es verändert sich alles. Es erneuerte sich alles, und man muss sich daran gewöhnen.

Das Hotel, das meine Tochter gebucht hatte, war ein neu erbautes Hotel, in so einem Hotel war ich noch nie gewesen, es war erst zwei Jahre alt – alles sah neu aus, große Zimmer, das Bad hatte eine barrierefreie Dusche, mit Glas verkleidet, ein riesiges Bett, eine Glastüre, die man aufschob, um zur Terrasse zu gelangen. Dort standen zwei Liegen, der Ausblick auf das Meer war grandios.

Im Hotel gab es zwei Aufzüge zur Lobby, man konnte noch ein Stockwerk tiefer fahren, da war der Ausgang zum Speisesaal und zu den Bars; im Wintergarten konnte man im Freien frühstücken und das Dinner einnehmen, dort waren die Plätze sehr begehrt morgens. Wir gingen morgens um acht Uhr frühstücken, da bekam man noch mühelos Platz, anders als abends: Um sechs Uhr wurde der Speisesaal geöffnet, und da standen die Leute bereits Schlange. Auch ich war schon zehn Minuten vor sechs da, und nach der Öffnung der Türen rannte ich mit den anderen um den besten Platz. Meiner Tochter war das zu viel ich, aber machte mit, und jeden Abend konnten wir im Freien unser Nachtessen einnehmen. Vom Platz durfte man sich erst entfernen, wenn die Getränke auf dem Tisch standen, sonst war der Tisch wieder weg, die Leute legten die Sachen der anderen zur Seite und setzten sich einfach an den Tisch, deshalb warteten wir, bis die Getränke da waren, dann konnten wir in den Speisesaal gehen und uns unser Essen aussuchen. Es gab so viel zu essen, jeden Abend Buffet es war alles da, was man sich nur denken konnte, solch eine Auswahl an Speisen ... es war sagenhaft, die Vorspeisen, die Hauptgänge, solch eine Auswahl, es war hervorragend, Fisch in allen Variationen, Fleisch, Eier, Gemüse, Reis, Nudeln – deutsches spanisches englisches französisches Essen, es war alles da, und dann noch die vielen Nachspeisen: Obst, Kuchen, Käse, kleine Naschereien in Gläser, Süßspeisen ... alles, was man wollte. Die Leute ließen sich Zeit, und die anderen Leute, die später kamen, mussten in der Schlange warten, bis ein Tisch frei wurde, wenn sie nicht drinnen essen wollten.

Zum Meer waren es einhundert Stufen, aber es war gut zu schaffen. Wir hatten noch schönes Wetter, fünfundzwanzig Grad. Es gab vier Pools, einer davon beheizt. Alle Leute waren draußen in der Sonne um die Pools oder am Meer. Viele ältere Leute sprangen nackt herum – nackt baden ist zwar wunderschön, doch ältere Menschen haben nicht mehr die Figur, um sich so zur Schau zu stellen vor all den anderen Menschen. Ich ging auch ins Meer schwimmen, aber ich brauchte die Hilfe meiner Tochter, denn die Wellen waren mir zu hoch, um alleine hineinzugehen. Sie half mir, und weiter draußen war es kein Problem, dort war es ruhig.

Die Woche mit meiner Tochter war sehr schön, wir hatten viel zu erzählen, als wir zu Hause ankamen. In diesem Jahr, seit Inges Tod, habe ich so viel Urlaub gemacht wie noch nie in meinem ganzen Leben – es war ein schönes Jahr. Nur Inge hat mir in all diesen Urlauben gefehlt, und sie fehlt mir noch heute jeden Tag.

Der Krebs ist noch nicht zurückgekommen. Bisher wurde ich verschont. Mit meiner Gesundheit bin ich im Moment sehr zufrieden, und das habe ich meinem buddhistischem Akupunkteur zu verdanken. Ohne ihn würde ich heute noch mit meinen Stöcken herumhumpeln. Dank seinem Können kann ich laufen, richtig laufen, und was das Beste ist – meine Gedanken sind wiedergekommen, ich sehe vieles heute ganz anders. Ich konnte ein Buch schreiben, ich habe Mitgefühl mit anderen Menschen, ich könnte meinen buddhistischen Akupunkteur vor lauter Freude umarmen und ihm sagen: danke, danke, danke.

Meinen Glauben habe ich noch nicht gefunden, ich bin Christin, doch der Buddhismus zieht mich an. Wenn ich beim Buddha bin, werde ich ruhig und zufrieden, er gibt mir die Kraft, die ich brauche, um gelassen zu werden und zu bleiben. Ich glaube an Ursache und Wirkung, doch ich möchte nicht an eine Wiedergeburt glauben. Ich möchte nicht noch einmal zur Erde zurückkehren. Hätte ich Inge nicht kennengelernt, wäre mein Leben nicht so lebenswert gewesen, und wenn ich wieder zur Erde zurückkehren muss, wird das Leben vielleicht noch viel schlimmer. Davor habe ich Angst. Einmal gelebt und bitte nie mehr wieder.